Kuchnia
erotyczna

Barbara Jakimowicz-Klein

Kuchnia erotyczna

Świat Książki

Ilustracje
Jerzy Maserak

Redaktor prowadzący
Magdalena Hildebrand

Redakcja techniczna
Lidia Lamparska

Redakcja i korekta
Dorota Sideropulu

Świat Książki
Warszawa 2007
Bertelsmann Media sp. z o.o.
ul. Rosoła 10, 02-786 Warszawa

Skład i łamanie
Plus 2

Druk i oprawa
GGP Media GmbH Pössneck

ISBN 978-83-247-0470-5
ISBN 83-247-0470-1
Nr 5761

Spis treści

6

Wstęp

Droga do sypialni wiedzie przez kuchnię. Zaproszenie do stołu bywa preludium do gry miłosnej. Wyrafinowana potrawa działa na wzrok, węch, smak, słuch i dotyk. Te same zmysły dochodzą do głosu podczas upojnej nocy. A czy istnieje lepszy wstęp do niej niż romantyczna kolacja? Nieprzypadkowo wiele randek rozpoczyna się od kolacji przy świecach. Życie erotyczne odgrywa bardzo ważną rolę w każdym związku. I ono jednak zmienia się w miarę upływu czasu. Płomienna na początku namiętność z czasem zaczyna przygasać, co jednak nie może oznaczać, że to, co wcześniej dostarczało ogromnej satysfakcji, ma się stać nudnym obowiązkiem. Ta sfera również nie znosi nudy. Warto zadbać o dodanie odpowiedniego smaczku miłości.

To nieprawda, że seks jest tylko dla młodych, pięknych, sprawnych i zdrowych. Bliskość fizyczna niekoniecznie musi oznaczać łóżkową akrobatykę. Połowa mężczyzn po 50. roku życia cierpi z powodu zaburzeń erekcji. Zdarza się to także młodszym. Nie wszyscy jednak mogą przyjmować leki na receptę, które rozwiązują ten problem. Substancje sprzedawane w sex shopach, na targowiskach lub przez internet mogą być nieskuteczne albo wręcz szkodliwe.

Przyczyn zaburzeń może być wiele, dlatego konieczna jest konsultacja z lekarzem i psychologiem. Istnieje wiele czynników, które wpływają negatywnie na pożądanie. Dla obu płci zabójcze są stres i przepracowanie. Osoby przemęczone, obarczone wieloma obowiązkami i troskami nie mają nawet siły myśleć o seksie. Jak sobie z tym poradzić? Najważniejsze, by w ciągu dnia znaleźć czas na odpoczynek, także ten psychiczny. Najlepszą radą na rozwiązanie problemów damsko-męskich jest szczera rozmowa. Warto sięgnąć też po podnoszące libido i wzbudzające pożądanie afrodyzjaki, które wykorzystać można do przyrządzenia smakowitych, rozbudzających erotycznie potraw.

Kuchnia erotyczna adresowana jest zarówno do młodych zakochanych, którzy pragną dodać nieco pikanterii romantycznym spotkaniom, jak i do par starszych chcących poprawić swoją erotyczną kondycję.

Aktywność seksualna i zdrowie są ze sobą ściśle powiązane. Miłość fizyczna sprzyja zdrowiu. Poprawia krążenie krwi, dotlenia, pobudza przemianę materii, stymuluje pracę mięśni, intensyfikuje spalanie tłuszczu, podnosi odporność. Zaspokaja potrzebę akceptacji, bliskości i kontaktu fizycznego. Podnosi poczucie własnej wartości i ... odmładza. Zadowalający kontakt seksualny jest jak cudowna pigułka złożona z endorfin, serotoniny, dopaminy, oksytocyny i wielu innych składników, które mają jedną cechę: dodają nam skrzydeł. Obudźmy więc w ukochanej osobie apetyt na miłość, wykorzystując afrodyzjaki z własnej kuchni. Dzięki nim nawet najprostsze danie nabierze niezwykłej mocy. Zadbajmy jeszcze o piękną, utrzymaną w ciepłych, pastelowych barwach dekorację stołu, połóżmy przy nakryciu ukochanej osoby skromny prezencik, zapalmy świece i... poddajmy się czarowi wieczoru.

Życzę Państwu niezapomnianych wrażeń kulinarnych i miłej zabawy.

Barbara Jakimowicz-Klein

Krótka historia pokarmów miłosnych

Nieprzemijająca młodość i, co się z tym wiąże, zdolność do uczuć oraz miłości fizycznej były odwiecznym marzeniem człowieka. Specyfiki podnoszące libido towarzyszą nam od zarania dziejów. Zaloty, dążenie do zdobycia partnera, szły zawsze w parze z troską o potencję seksualną. Na podstawie zabytków sztuki i literatury, odkrytym dzięki badaniom archeologicznym, możemy dziś poznać wyobrażenia i praktyki erotyczne ludzi żyjących przed tysiącami lat. Świadectwa te pozwalają zajrzeć do najintymniejszych zakamarków ich życia codziennego. Było ono przesycone erotyką, wszechobecną również w kultach i magii.

Pierwszy udokumentowany przepis na miksturę mającą przedłużać akt miłosny pochodzi z Egiptu z 1700 r. p.n.e. Zalecał on ususzyć, rozdrobnić, a następnie wymieszać z miodem liście tarniny i akacji. Wprawdzie Egipcjanie wierzyli w potężną siłę magii, jednak doświadczenie kazało im pomagać sobie na polu miłości różnymi sposobami praktycznymi. Modląc się do bogów znanych z siły witalnej, stosowali jednocześnie wypróbowane środki podnoszące libido. Najbardziej powszechnym „środkiem do płodzenia" – takiego określenia używali skrybowie – była roślina o nazwie mnhp, której zapis hieroglificzny kończy się znakiem o kształcie fallusa. Roślinę tę, będącą jednym z ingredientów substancji używanych do „wydobywania nasienia", łączyła magia z niespożytą witalnością boga Seta. Inne afrodyzjaki roślinne to sałata – atrybut ityffalicznego Mina, a także mandragora. Ważnym elementem tworzenia podniecającej atmosfery były napoje alkoholowe, a zwłaszcza różnego rodzaju wina. Używanie ich było zalecane jako środek wzniecający radość. Pito na cześć bogów, którym powierzano opiekę nad rozkoszą cielesną i płodnością.

W „Starym Testamencie" owocem miłości nazywana jest mandragora. W „Pieśni nad pieśniami" czytamy:

Twa skóra jest jak skórka mandragory,
która wzbudza miłość.

11

W innym miejscu jako symbole rozkoszy miłosnej przedstawione są jabłka i placki z rodzynek:

Wprowadził mnie do domu wina,
i sztandarem jego nade mną jest „miłość".
Posilcie mnie plackami z rodzynek!
Wzmocnijcie mnie jabłkami!
Bo chora jestem z miłości!

Środki podnoszące temperaturę uczuć znane były również w starożytnej Grecji. Twierdzono tam, że jedzenie jest rozkoszą nie tylko dla podniebienia, ale także dla zmysłów. Chętnie sięgano po afrodyzjaki, czyli pokarmy miłosne nazwane tak na cześć Afrodyty, bogini miłości zmysłowej. Żądni uciech kapłani poili miłosnymi miksturami kapłanki, aby w nocy oddawały się z nimi miłosnym igraszkom. Istniało wiele receptur na wytwarzanie napojów wywołujących miłość i pożądanie. Tak zwane używki priapowe (Priap, syn Afrodyty i Dionizosa, był bogiem płodności) to napoje, do których dodawano nasienie zwierząt odznaczających się siłą i seksualnym wigorem (byk, ogier) lub wyjątkową płodnością (królik, zając). Sporządzano też napoje miłosne (*philtra*), których głównymi składnikami były: mandragora, wywar z hiszpańskich muszek, rdest wężownik i żeń-szeń. Arystoteles przestrzegał jednak, że afrodyzjaki do niczego się nie przydadzą, jeżeli nie będzie siły w samym człowieku.

W antycznym świecie kultury śródziemnomorskiej dużym powodzeniem cieszył się m.in. *satyrion* (wyciąg z dzikiej orchidei). Pod wpływem tego środka podniecającego, jak głosi legenda, Herkules doznał tak długotrwałej erekcji, że zdeflorował pięćdziesiąt dziewic. W Rzymie i Bizancjum oprócz kantarydy (muszki hiszpańskiej) do środków wzbudzających żądze zaliczano proszek z cząbru, którym posypywano mięso oraz nasiona pokrzywy. Owidiusz w swoim najbardziej znanym utworze, „Ars amatoria", opiewa miłość wolną od zahamowań. Stwierdza, że miłość nierozerwalnie wiąże się z seksem. Bez pożądania i zaspokojenia nie istnieje w ogóle. Proponuje jako środki zwiększające pobudliwość i siłę doznań seksualnych biały czosnek, jajka, drób, miód i nasiona pinii. Sposobem przeciwko niemocy płciowej, stosowanym przez mieszkańców basenu Morza Śródziemnego, było bicie pośladków i podbrzusza rózgami lub gałązkami pokrzywy.

Zmysłowe przyjemności cenili sobie także mieszkańcy Azji. W Indiach za główny afrodyzjak uważano konopie, w Chinach korzeń żeń-szenia. Znajdował się on w wielu recepturach napojów miłosnych Wanga-Tao zatytułowanych „Tajemne recepty". „Kamasutra" daje bezcenną radę na udany seks:

Nie przepełniaj brzucha jadłem i napojami,
bo możesz dostać apopleksji lub podagry...
Mężczyzna powinien jadać wzmacniające
potrawy, jak aromatyczne rośliny, mięso, miód, jaja.
Krzepki organizm jest niezbędny do zespolenia,
niemniej jednak poczynaj sobie z nią w sposób ujmujący,
dopóki nie stanie się podniecona i pełna żądzy.

Wiele receptur wzmacniających lub pobudzających podniecenie seksualne, zwiększające potencję znajdujemy w „Anangarandze" (hinduskiej sztuce kochania). Oto kilka przykładów:

Sok z owoców gruszki miłosnej wystaw na słońce, by wysechł. Zmieszaj uzyskaną substancję z topionym masłem, kandyzowanym cukrem i miodem. Specyfik da ci siłę dziesięciu mężczyzn i uczyni zdobywcą kobiet.
Wymieszaj równe części soku z róży wyciśniętego z liści i topionego masła. Zagotuj z dziesięcioma częściami mleka, cukru i miodu. Pij systematycznie, a rezultatem będzie powrót wielkiej siły.

Znaleźć tam można inne, dość osobliwe, „receptury", np.:

Weź anyż utarty na miałki proszek i rozmieszaj z miodem. Taką miksturę stosuj do posmarowania członka przed spółkowaniem. Pobudza spazm miłosny u kobiety i poddaje ją mocy mężczyzny... Weź ziarna czarnego pieprzu, nasiona bielunia dziędzierzawy, strąk pieprzu betelowego i korę lodhry, utrzyj, rozprowadź w białym miodzie i zastosuj jak poprzednio. Ten środek ma największą ze wszystkich moc...

Największy rozkwit produkcji miłosnych mikstur przypada na średniowiecze. Były one niejednokrotnie dość osobliwe. Mieszanki pazura pantery, kału nietoperza, spermy krokodyla, brzucha ropuchy, jąder zwierząt znanych z jurności oraz ziół dodawano do potraw i wina, by zagwarantować sobie niesłabnące pożądanie. Wśród dawnych afrodyzjaków można znaleźć również takie dziwactwa, jak nos hipopotama, język gęsi i ogon aligatora. Na szczęście obyczaje zmieniały się, zmysły zaczęto pobudzać owocami i warzywami, które kształtem budziły erotyczne skojarzenia, jak figi, banany czy marchewki.

Średniowieczny lekarz Majmonides przekonany był, że na potencję nic tak nie działa, jak mieszanka korzenna z pieprzu, cynamonu, anyżu, imbiru i sproszkowanego miąższu kasztana jadalnego. Przyprawy miłosne były też nieodzownym elementem kuchni staropolskiej, kiedy jadano „pieprznie i szafranno". Poeta barokowy Daniel Naborowski pisał o nich dość frywolnie:

Kiepska miłość o głodzie,
nie chce się giąć po wodzie,
ale po dobrym winie
dogodzi się dziewczynie,
a korzenne potrawy
napełnią wnętrze stawy.

Przez stulecia jako panaceum na niemoc seksualną traktowano korzeń mandragory. Ceniony za wzmacnianie miłosnych zapałów był też betel, kora z drzewa johimbiny oraz preparaty uzyskiwane z krwi muszki hiszpańskiej, które na dobre spopularyzował markiz de Sade. W starej Anglii za czasów elżbietańskich (XVI–XVII w.) w domach publicznych podawano panom suszone śliwki i inne suszone owoce.

Na XVIII- i XIX-wiecznych balach podawano jedzenie, które miało rozpalać zmysły i wyobraźnię. Nie mogło więc zabraknąć owoców morza – w bardzo wytwornych domach ostryg i krewetek, w biedniejszych karpia i śledzi. Obowiązkowy był pasztet z zająca i potrawka z królika (zwierzęta uchodzące za niezwykle chutliwe) oraz młode kogutki. W sałatkach dominowały pory, selery, cebula i moc przypraw – pieprzu, imbiru, kardamonu. W deserach królowały wanilia, mak i cynamon. Strumieniami lały się szampan i czerwone wino... Często rozochocony takim jadłem kawaler ogniście adorował wybrankę i niejednokrotnie prosił rodziców o jej rękę. Nazajutrz żałował natomiast swych popędliwych słów i dziwił się, cóż go tak w tej pannie zachwyciło.

Zmieniały się czasy, a wraz z nimi moda i upodobania kulinarne. Na wiele cenionych kiedyś afrodyzjaków patrzymy dziś z przymrużeniem oka. Wielu spośród nich nie możemy jednak odmówić niezwykłej mocy. Zdaniem koneserów sztuki miłosnej najwięcej kuszących i zmysłowych właściwości mają produkty surowe. Zawierają więcej witamin i mikroelementów, które nie ulegają zniszczeniu podczas przygotowywania i gotowania potrawy.

Afrodyzjaki

Wierzyć w moc afrodyzjaków czy nie? Oczywiście, wierzyć! Z reguły są one lekkostrawne, bogate w witaminy i mikroelementy. Dodają wigoru, po ich zjedzeniu szybciej krąży w nas krew, skóra staje się wrażliwsza na dotyk, a nasza wyobraźnia, zwłaszcza erotyczna, nie zna granic...

Specjaliści są zgodni co do tego, że są one pożyteczne nie tylko w sprawach seksu, ale również działają stymulująco na cały organizm. Zawierają składniki o działaniu pobudzającym, a zatem rozkurczowe, wzmacniające, likwidujące stres, wpływające korzystnie na pracę nerek i całego układu moczowego, powodujące bioaktywizację hormonalną.

Wzmocnienie pożądania seksualnego, które przypisuje się afrodyzjakom, to efekt skomplikowanych procesów chemicznych zachodzących w organizmie. Pobudzając sferę seksualnych odczuć i umożliwiając ich realizację, afrodyzjaki pobudzają naszą aktywność życiową w ogóle, są zatem – w pewnym stopniu – uniwersalnym środkiem rewitalizującym i dynamizującym życie. Warto więc, aby sięgały po nie nie tylko osoby młode, chcące dodać pikanterii romantycznym spotkaniom, ale również osoby starsze, u których fizjologicznie słabną siły życiowe.

Wprowadzenie afrodyzjaków do diety z pewnością posłuży zdrowiu. Są to produkty o niezwykłej mocy – dbają o właściwy poziom hormonów w organizmie. A te decydują o tym, jak się czujemy i jak wyglądamy. Czym są hormony? To związki chemiczne, które mają wpływ na to, co dzieje się w naszym organizmie, m.in. na przemianę materii i na nastrój. Organizm sam wytwarza hormony, ale z wiekiem pojawiają się problemy... Po trzydziestce produkuje ich mniej i nie tak regularnie, jak dotychczas. Jak to się objawia? Jesteśmy rozdrażnieni, zmęczeni, brak nam humoru. Te objawy możemy złagodzić, jedząc posiłki z produktów, które przywrócą nam równowagę hormonalną. Wśród nich są zioła, warzywa, owoce, ryby i owoce morza, a także inne produkty spożywcze, które znajdziemy w swojej kuchni. Pamiętajmy, że najlepszym afrodyzjakiem są zmiany w diecie, a największy sens ma długofalowy proces przyjmowania przez organizm niezbyt mocnych substancji pobudzających. Niskotłuszczowa dieta bogata w warzywa, owoce i ryby to recepta nie tylko na szczupłe ciało, ale i dobrą kondycję seksualną. Jeśli więc seks nie przynosi nam satysfakcji i chcemy poprawić swoją erotyczną kondycję, pomyślmy o zmianie... menu.

Variatio delectat (rozmaitość cieszy), mówili Rzymianie i mieli rację. Stopniowanie i modyfikowanie przyjemności jest sposobem, by nie dopuścić do zobojętnienia zmysłów. Różnorodność – także w naszym menu – może więc być źródłem szczęścia. Unikajmy zatem banalności i w kuchni, i w sypialni.

Casanova, który uszczęśliwił sto dwadzieścia kobiet, każdy podbój zaczynał od wybornej kolacji. Rozsmakowywanie się w potrawach może wpływać na wzbudzanie i odczuwanie pożądania, bowiem ośrodek sytości i głodu mieści się w podwzgórzu, które rządzi też popędem płciowym. Ale nie należy jeść zbyt dużo, bo to usypia zmysły.

Pamiętajmy zatem o afrodyzjakach – dodają energii i seksualnej mocy. Niektóre dodają tylko energii, ale wiara w ich magiczne działanie nadaje jej seksualny kierunek. Rośnie pożądanie, a wtedy czujemy już smak partnera, indywidualny afrodyzjak o niezwykłej mocy.

Nie zapominajmy też o tak silnym afrodyzjaku, jakim jest głos. Droga do serca kobiety wiedzie przez uszy, najłatwiej nas uwieść słowami. Ale uszy mężczyzn też są wrażliwe. Głos kusi, roznamiętnia, pieści duszę i ciało. Łóżkowe rozmowy wzbogacają seks, a co ważniejsze, chronią go przed największym wrogiem: brakiem porozumienia.

Żar uczuć pomogą nam wzbudzić znane i z powodzeniem stosowane od setek lat esencje aromatyczne. Olejki wchodziły w skład rozmaitych eliksirów miłosnych. Kamasutra, indyjska sztuka miłości, za najlepszy afrodyzjak uważała olejek sandałowy. Współcześni specjaliści od aromaterapii zalecają olejki z rozmarynu, geranium, imbiru, jaśminu i ylang ylang. Do łagodnych afrodyzjaków zalicza się też anyż, koper włoski, kminek i cynamon. By wprowadzić siebie i partnera w odpowiedni nastrój, warto wypróbować miłosną mieszankę: 6 kropli olejku sandałowego, po 3 szałwiowego i mandarynkowego, 2 jaśminowego i 1 imbirowego. Olejkami możemy aromatyzować powietrze, dodać je do kąpieli albo wykorzystać do podnoszącego temperaturę uczuć masażu erotycznego.

Tak naprawdę najlepszym afrodyzjakiem i najpiękniejszym doznaniem w życiu każdego z nas jest miłość. Ale tylko połączenie miłości i seksu ze śmiechem, obietnicą, jedzeniem, winem, muzyką, tańcem, wyobraźnią powoduje radość istnienia i zachwyt nad pełnią życia.

Zioła i przyprawy pobudzające aktywność seksualną, a także zwiększające intensywność miłosnych doznań

Wielu roślinom nie sposób odmówić miłosnej mocy. Dzieli się je na dwie grupy. Są to zioła pobudzające krążenie oraz zioła działające na układ nerwowy, zawierające substancję pobudzającą przywspółczulną część centralnego układu nerwowego, przez co potęgują podniecenie i wrażliwość na bodźce erotyczne. Pobudzają one również czynność serca, zwiększając ochotę na seks.

Zioła „miłosne"

Pieprz we wszystkich odmianach, gałka muszkatołowa, imbir, goździki i cynamon królowały w starych recepturach miłosnych eliksirów i proszków. Obok kardamonu, szafranu, miodu i czarnej herbaty wchodzą w skład m.in. indyjskiej herbatki miłosnej, od setek lat popijanej przez Hindusów przed przystąpieniem do igraszek miłosnych...

Zioła „miłosne" charakteryzują się intensywnym aromatem i obecnością substancji drażniących, które wywołują przekrwienie w obrębie miednicy, uwrażliwiają organy płciowe, przez co potęgują odczuwanie doznań. Działają rozgrzewająco. Przyspieszają trawienie, dzięki czemu czujemy się lżejsi i pełni energii. Dzięki nim krew krąży żywiej, przez co wzrasta ochota na miłość. Legenda głosi, że Don Juan jadał na śniadanie omlet z 10 jajek, do którego garściami wsypywał przyprawy i dzięki temu miał ciągłą ochotę na seks. Zioła można stosować do przyprawiania różnego rodzaju potraw. W naszej kuchni nigdy nie powinno zabraknąć takich afrodyzjaków, jak:

- **Imbir**
Afrodyzjak znany w Chinach od trzech tysięcy lat. W starożytnych Indiach świeży, pokrojony korzeń dodawano do potraw, a w postaci suszonego proszku – do napojów, by zwiększał potencję u mężczyzn i wzmagał pożądanie u kobiet. W medycynie azjatyckiej korzeń imbiru uchodził za „gorący" – gdyż powoduje ogień w ciele, natomiast zapach imbirowego kwiatu budzi erotyczne dreszcze... Jest zatem znakomitą przyprawą na chłodne noce.

Z Azji do Europy imbir przywieźli Fenicjanie. O tym, że ma on podniecające właściwości wiedziała już słynna Hildegarda – XI-wieczna zakonnica-zielarka. Zakazała młodym zażywać korzenia budzącego przedwcześnie zmysłowość. Gdy Ludwik XV nieco ochłódł w amorach, madame du Barry przygotowywała mu omlety z młodym korzeniem imbiru. Francuzi do dziś nazywają go pierwszym w rodzinie afrodyzjaków, gdyż jego ostry, pikantny smak każdego rozgrzeje. Może dlatego „chłodni" Anglicy tak chętnie stosują go w piwie, ciasteczkach i keksach?

Mężczyzna, który poczuje się nagle zbyt słaby,
aby zadowolić kobietę, powinien natychmiast zjeść imbir, miód,
ciemiernik czarny, czosnek, cynamon, goździki,
gałkę muszkatołową, kardamon i długi pieprz.
(Szeik Umar Ibn Muhammed Al Nefzawi, „Aromatyczny ogród")

- **Cynamon**
Prawdopodobnie jest to najstarsza przyprawa świata – wzmianka o niej znalazła się już 2700 lat p.n.e. w księdze zielarskiej jednego z chińskich cesarzy. To niezwykle pachnący afrodyzjak, przyciągający swym zapachem płeć przeciwną. Starożytni Chińczycy, zanim oddali się miłosnym uniesieniom, smarowali olejkiem cynamonowym ciało, by uwrażliwić zmysły.

Już Hipokrates twierdził, że cynamon poprawia krążenie, pobudza siły witalne. Zalecał picie w tym celu naparu cynamonowego oraz wina zagrzewającego do miłości, które składało się z cynamonu, wanilii, żeń-szenia i esencji ambry. Także dziś ceni się rozgrzewające i pobudzające właściwości cynamonu. Podczas kolacji miłosnej świetnie spełni swe zadanie np. angielska grzanka cynamonowa, czyli gorąca bułeczka posmarowana masłem, posypana brązowym cukrem i cynamonem.

Zielony groch ugotowany z cebulą, cynamonem,
imbirem i kardamonem wzmaga namiętność
i daje siłę potrzebną do spółkowania.
(Szeik Umar Ibn Muhammed Al Nefzawi, „Aromatyczny ogród")

• **Gałka muszkatołowa**
Na całym Dalekim Wschodzie uważana jest za afrodyzjak. W starożytnych Indiach nazywano ją oszałamiającym owocem. Do Europy trafiła za sprawą kupców arabskich. Średniowieczni cyrulicy zalecali ją jako lek na wszelkie „miłosne słabości", a czarownice chwaliły jako „magiczny proszek odmieniający serce". Jedna z ich recept głosiła, że panienka, by zdobyć uczucia ukochanego, powinna przez 100 uderzeń serca trzymać w ustach kawałek nierozdrobnionej gałki. Potem ją wyjąć, zetrzeć na proszek, zużyć do pieczenia ciasta i nakarmić nim ukochanego. Efekt był murowany!
Specjalista od afrodyzjaków dr Edward Vernon podaje prosty i konkretny przepis „na rozpalenie ognia w mężczyźnie": *rozetrzyj 7 gramów gałki muszkatołowej z połową owocu awokado i schładzaj przez dwadzieścia cztery godziny.* Współczesna medycyna stwierdza, że pewien związek zawarty w gałce muszkatołowej, reagując z bromokryptyną w awokado, działa na energię seksualną mężczyzny. Wiadomo także, że gałka muszkatołowa wspomaga funkcjonowanie układu trawiennego. Należy ją jednak stosować z umiarem tak, by jej intensywny aromat nie zdominował podstawowego smaku potrawy.

• **Gorczyca**
Gorczycę jako przyprawę i lek stosowano od wieków. Wzmianki na jej temat znajdujemy już w przypowieściach biblijnych. Nasiona gorczycy zidentyfikowano w odkopanych niedaleko Bagdadu sumeryjskich naczyniach za-

sobnych. Już wtedy przyprawa z gorczycy swoim przeznaczeniem przypominała dzisiejszą musztardę.

Rzymianie dodawali ją do każdej wyszukanej potrawy, uważali, że jest afrodyzjakiem i wsypywali do eliksirów miłosnych. Mesalina, żona rzymskiego cesarza Klaudiusza, by podtrzymać swych licznych kochanków w „gotowości bojowej", częstowała ich liśćmi gorczycy białej utartymi z miodem – sama zresztą również nie żałowała sobie tego specjału. Nie wiadomo tylko, czy wzmacniającą żądze miłosne sałatkę przygotowywano zgodnie z recepturą Pliniusza, według którego najlepsze efekty dawały 3 liście gorczycy zerwane (koniecznie!) lewą ręką, posiekane i wymieszane z 3 łyżkami miodu... Dioskurides, słynny grecki lekarz, uważał, że jak afrodyzjak działają nie tylko liście gorczycowe, ale także nasiona gorczycy.

Współczesna medycyna stwierdza, że oprócz wielu walorów leczniczych, zwłaszcza usprawniających funkcjonowanie przewodu pokarmowego, gorczyca powoduje także przekrwienie dróg moczowych i miednicy małej, zwiększając tym samym wrażliwość narządów płciowych. Działa pobudzająco na potencję.

• **Goździki**

W Chinach znano je już 3000 lat temu. Chińczycy żuli je, by podczas schadzek mieć świeży oddech. Olejek goździkowy mający silne właściwości odurzające prowokował podobno nawet do orgii. Do Europy przyprawa ta dotarła w X wieku.

Gdy stąpiłaś na dywan,
goździki, gałka muszkatołowa i kardamon
leżały rozrzucone u Twoich stóp
– pisał w XII w. do ukochanej Wolfram von Eschenbach.

Co nam podajesz, dobrze przypraw
– radził z kolei średniowieczny poeta –

by wzbudzić w nas żar,
by stłumić opary napojów,
by nasze usta pachniały apteką...

Bez goździków sprowadzanych z dalekich krajów nie mogła się odbyć żadna wytworna i miłosna kolacja. Współczesna nauka podkreśla ich antyseptyczne, rozgrzewające i pobudzające układ nerwowy właściwości. Warto dodawać je do potraw miłosnych podczas kolacji we dwoje, a olejkiem goździkowym aromatyzować pomieszczenie, gdzie się ona odbywa...

- **Szafran**
Stosowany był jako afrodyzjak przez Asyryjczyków, Fenicjan, Greków i Arabów. Poprawia krążenie krwi. Działa szczególnie silnie pobudzająco na kobiety. Starożytni Grecy wierzyli, że dziewczyna, która przez tydzień używała szafranu, nie oprze się kochankowi... Obecnie szafran uważany jest za najdroższą przyprawę świata. Na szczęście jest bardzo wydajna, wystarczy szczypta do zabarwienia ryżu i nadania charakterystycznego smaku potrawie.

- **Curry**
Choć to narodowa przyprawa Indii, nazwę nadali jej brytyjscy kolonizatorzy. Właściwie curry to mieszanka przypraw. Mieszanka, na którą nie istnieje jeden ścisły przepis, ale przyprawy ją tworzące pochodzą zazwyczaj z Indii. Są to m.in.: kurkuma, pieprz czarny, kmin rzymski, kolendra, chili, imbir, goździki, kwiat muszkatołowy, papryka, cynamon. Są one silnymi afrodyzjakami. Przyprawa ta zaostrza smak dań, a szczególny aromat pobudza apetyt nie tylko na potrawy... Ale uwaga! Curry nie powinna być sypana zbyt szczodrze, jej smak i zapach mogą zagłuszyć właściwy smak dania.

- **Kardamon**
Podniecające właściwości kardamonu znane są od starożytności. Chaldejczycy uważali to ziele za najgodniejszą ofiarę, jaką można złożyć bogom. „Kamasutra" wspomina kardamon jako afrodyzjak *w połączeniu z imbirem i cynamonem rozsmarowany na cebuli i grochu*. W średniowieczu bulla papieska zakazała używania go ze względu na zbyt silne, podniecające odziaływanie. Arabowie do dziś twierdzą, że skutecznym afrodyzjakiem jest kawa przyprawiona szczyptą kardamonu i miodem. Współczesna nauka podkreśla jego lecznicze właściwości – poprawiające pracę układu pokarmowego, wzmacniające organizm, poprawiające witalność.

- **Pieprz**

Czy pieprz jest afrodyzjakiem? Na pewno działa wzmacniająco, pobudzająco i rozgrzewająco. Lekarze chińscy zalecali go na poprawę krążenia krwi i na rozniecenie miłosnego pożądania. Najmocniejszy jest czarny, różowy pośredni, a szary i biały najłagodniejszy. Pieprz zielony należy do ostrych.

Zrób mieszankę pieprzu, lawendy,
galagi, piżma, miodu i imbiru.
Umyj członek w ciepłej wodzie
i natrzyj tą miksturą.
(Szeik Umar Ibn Muhammed l Nefzawi, „Aromatyczny ogród")

Choć mawiało się u nas kiedyś *nie pomoże pieprz ani cebula, kiedy z chłopa rula* (trąba) – warto jednak stosować tę budzącą żądze przyprawę.

- **Pieprz cayenne**

Niebywała ostrość tej przyprawy podnosi smak i temperaturę jedzenia. Dla młodych mężczyzn jest dobrym afrodyzjakiem pobudzającym krążenie krwi, na starszych może działać podniecająco. Dobrym środkiem odżywczym jest szklanka soku pomidorowego przyprawionego niewielką ilością pieprzu cayenne.

- **Chili**

Pochodzi z Ameryki Południowej, do Europy sprowadził ją Krzysztof Kolumb. To pikantna przyprawa z małych strąków papryczek chili. Lekarze cenią ją za silne właściwości rozgrzewające. Zawiera ona kapsaicynę – związek chemiczny poprawiający krążenie krwi i zapobiegający tworzeniu się zakrzepów. Chili przyspiesza procesy przemiany materii, a według wierzeń indiańskich plemion wzmaga również potencję seksualną. To przyprawa, która szybko nas ożywi! Gdy poczujemy w ustach jej ostry, palący smak, w mózgu zachodzi niezwykła reakcja – uwalniają się endorfiny – chemiczne związki wywołujące uczucie przyjemności.

Najpopularniejsze u nas chili w postaci sproszkowanej udoskonali smak najbardziej prozaicznej potrawy. Warto również poeksperymentować z papryczką świeżą lub suszoną. Nie unikajmy papryki chili, nauczmy się ją lubić! Jest naprawdę zdrowa.

- **Anyż**

Jako przyprawa anyż zrobił furorę już w starożytnych Chinach, w Syrii, na Cyprze i w Indiach (tu jest do dziś m.in. składnikiem wielu odmian curry). W starożytnym Rzymie aromatyczne anyżkowe ciasto *mustaceum* było ostatnim daniem na ucztach. Anyż ceniony był jako afrodyzjak.

- **Wanilia**

To delikatny afrodyzjak działający pobudzająco na mężczyzn. Aztekowie, jak również Francuzi, dodawali ją do czekolady. Afrodyzjakalnej mocy nabiera także madera z imbirem, cynamonem i wanilią.

- **Jałowiec**

Według „Kamasutry" namoczone w wodzie owoce jałowca są *napojem na poprawę wigoru*. Specyficzny, żywiczny aromat jałowca wzbogaca smak potraw. Wyjątkowo lubi towarzystwo dziczyzny, co tworzy w efekcie specyficzny afrodyzjak.

- **Lubczyk ogrodowy**

Spośród ziół, które mają wywołać falę namiętności i dać siły do miłosnych igraszek, najbardziej znany jest lubczyk. Nalewka z lubczyku uznawana jest za najbardziej znany afrodyzjak. W dawnej Polsce wierzono, że podanie chłopcu potrawy zrobionej własnoręcznie przez pannę choćby z okruchem tej rośliny, wzbudzi w nim chęć związania się z nią na zawsze. Podczas zaręczyn, a potem ślubu, należało wpiąć listek lubczyku wraz z kwiatami we włosy – by małżeństwo było szczęśliwe. Co bardziej zapobiegliwi nosili zawsze w zanadrzu sproszkowany korzeń „ziela rządzy".

Za afrodyzjak uważa się zarówno części nadziemne, jak i korzeń. Młode pędy, sparzone wrzątkiem, można jadać jak jarzynę, liście warto dodać do zup, pieczeni i sałatek, z korzeni zrobić odwar albo nalewkę.

- **Rozmaryn lekarski**

Nazywany był zielem Afrodyty. Mężczyźni w starożytnym Rzymie zażywali jego nasiona przed spotkaniem z kochanką. Od stuleci kobiety dodawały go do potraw podawanych mężczyznom, których chciały usidlić. Miał on skierować uczucia wybranka w pożądanym kierunku.

Oto rozmaryn na pamiątkę:
proszę cię, luby, pamiętaj...
– mówi Ofelia do Hamleta. Niegdyś wierzono bowiem, że ziółko to nie pozwala zapomnieć o bliskiej osobie. Jeśli więc kochankowie musieli się rozstać, wzajemnie się nim obdarowywali i nosili przy sobie jego suszone gałązki. Dziś także warto wykorzystać afrodyzjakalne właściwości rozmarynu. Ziółko to występuje w wielu gotowych mieszankach przyprawowych, m.in. w ziołach prowansalskich. Warto też korzystać z kąpieli w naparze z rozmarynu. Po 10 minutach skóra jest bardziej ukrwiona i wrażliwa na dotyk. Zapach rozmarynu jest bardzo stymulujący.

• **Majeranek**
Starożytni Grecy, wierząc w magiczną moc miłosną majeranku, palili go w misach na cześć Afrodyty i zaprawiali nim wino, które później podawali wybrance serca. Aromatyzowano nim mydła i stroje, wierzono bowiem, że jego zapach przyciąga i budzi namiętność płci przeciwnej. Do Polski majeranek dotarł w XVI w. i niemal od razu zaczęto go uprawiać w przydomowych ogródkach. Chętnie dodawano go do potraw, wierząc w ich afrodyzjakalną moc. Na Litwie do dziś uchodzi za ziółko miłości.

• **Melisa**

Gdy mąż żonie swojej erectum nie zdolny uczynić,
niech weźmie melisae, uparzy i pije.
To go wzmocni w rzeczy męskiej i uładzi na rozumie

– zalecał autor XVIII-wiecznego kalendarza. Ojciec Klimuszko – najsłynniejszy z polskich zielarzy – na męską impotencję zalecał picie ziołowej mieszanki z dodatkiem melisy.

• **Cząber**
Od stuleci uważany jest za jeden z najsilniejszych afrodyzjaków. Trawa satyrów – mówili o nim starożytni Grecy, a starożytni Rzymianie zalecali jego liście zalać czerwonym gronowym winem, dodać miód pszczeli i podawać zakochanym. W średniowiecznej Europie powszechnie sądzono, że nie ma sabatu czarownic bez cząbru...

Dziś wiadomo, że nie tylko podnosi aktywność seksualną, ale wykazuje również wiele innych cennych właściwości – działa przeciwzapalnie, poprawia trawienie, pobudza pracę żołądka. Warto zatem, by jak najczęściej gościł w naszej kuchni. Pamiętajmy jednak o tym, że niewybaczalnym grzechem jest długie gotowanie cząbru razem z potrawą – przydaje jej goryczy. Wystarczy, że dodamy go na kilka minut przed końcem gotowania.

- **Tatarak zwyczajny**

Od czasów starożytnych używano jego kłączy w naparach, kadzidłach, kąpielach. Indianie żuli kłącza tataraku, wierząc, że dzięki temu zachowają młodość, wzmocnią zdrowie i potencję. Dziś wiadomo, że tatarak zawiera olejki eteryczne i inne składniki, które sprawiają, że kąpiel z jego dodatkiem działa podniecająco i wzmacniająco. Przepis dla zakochanych: 30 dag rozdrobnionych kłączy zalać 2 litrami zimnej wody i odstawić na 2 godziny. Gotować przez 2–3 minuty, przecedzić, wlać do wanny z wodą. Kąpiel jest doskonałym preludium do romantycznej kolacji.

- **Mięta**

Arabowie wierzyli, że mięta dobrze wpływa na męskość. Syreniusz, botanik średniowieczny, twierdził, że ziółko to *do Venus pobudza*. We Francji napar z mięty do dziś uchodzi za napój skłaniający do miłości. Wielu współczesnych zielarzy zapisuje ją w przypadku impotencji i spadku libido. Pamiętajmy, że napar z tego aromatycznego zioła działa zbawiennie na zdrowie: ułatwia trawienie, działa rozkurczowo, przeciwbólowo i uspokajająco. O wypiciu herbaty miętowej nie zapomnijmy więc, jeśli denerwujemy się przed randką. Poczujemy się wtedy rześko i... świeżo.

- **Kminek**

Był niezwykle ceniony w Azji, używano go powszechnie w starożytnym Egipcie. Wchodził w skład wielu napojów, mających wzbudzić namiętność. Współczesna nauka potwierdza tę właściwość kminku – jego nasiona powodują przekrwienie dróg moczowych i miednicy małej, zwiększając wrażliwość narządów płciowych. Pamiętajmy też o tym, że kminek jest doskonałym środkiem pobudzającym wydzielanie soków żołądkowych, zapobiegającym nadmiernej fermentacji jelitowej, kolce jelitowej i bólom brzucha. Nie żałujmy więc sobie karolka, tak kiedyś zwano kminek, a z pewnością wyjdzie to nam na zdrowie.

- **Bazylia**

W średniowieczu uchodziła za afrodyzjak. Przypinane do ubrań małe wonne bukieciki miały wzbudzać miłość i przychylność. Białogłowy, które miały chęć na męskie odwiedziny, dawały o tym znać, wystawiając doniczkę bazylii w oknie. Dziś bazylia to znakomita przyprawa kulinarna, nadająca sałatkom, spaghetti, sosom i innym daniom niepowtarzalny aromat i smak. Doskonale pobudza trawienie, wspomaga pracę umysłu, działa uspokajająco.

- **Rzeżucha**

Cenił ją już Hipokrates, znana była też w starożytnym Egipcie. Najsłynniejszy król Francji – Ludwik XIV, zwany Królem Słońce, podobno został poczęty dzięki rzeżusze, którą jego ojciec jadał przez kilka tygodni, by sprostać zadaniu zapewnienia ciągłości dynastii. Z miłosnych mocy tej rośliny Ludwik korzystał także przed randez-vouz ze swoimi licznymi kochankami. Szeroko stosowano to miłosne ziele także w medycynie ludowej. Polecano ją także jako środek usuwający zmęczenie i poprawiający urodę.

Dziś wiadomo, że ceniona od wieków rzeżucha jest bogatym źródłem witamin i mikroelementów. Powinni ją jeść cukrzycy, reumatycy, chorzy na bronchit i cierpiący z powodu anemii oraz tarczycy. Największe porcje rzeżuchy należą się sercowcom i rekonwalescentom. Uwaga! Najsmaczniejsza i najzdrowsza jest rzeżucha, która ma około 9 cm.

- **Pokrzywa**

Hipokrates, Dioskurides i Pliniusz pisali o niej jako środku wzmacniającym popęd płciowy. Rzymianie leczyli nią reumatyzm i impotencję, okładając pędami zaatakowane stawy i zawodzącą męskość. Podobno ten heroiczny sposób przywracania potencji dawał rewelacyjne efekty, ale kto dzisiaj odważyłby się go wypróbować. Na pewno warto natomiast wprowadzić pokrzywy do wiosennego jadłospisu. Doskonale wzmacniają one organizm, poprawiają obraz krwi i stymulują przemianę materii.

Preparaty dostępne w aptekach

Obecnie za rośliny o udowodnionym działaniu afrodyzjakalnym, z których preparaty można kupić w aptekach, uważa się: miłorząb japoński, macę, damianę, eleuterokok kolczasty, guaranę i należący do najskuteczniejszych afrodyzjaków żeń-szeń. Mają one tę zaletę, że rozwiązują nie tylko męskie problemy, ale pomagają również kobietom, które skarżą się na obniżone libido.

* **Żeń-szeń** (*Panax ginseng*)

W Chinach tę niezwykłą roślinę uprawiano już 4000 lat temu. Była najsłynniejszym afrodyzjakiem na Dalekim Wschodzie, który jest kolebką wyrafinowanej sztuki miłosnej. Chińscy cesarze regularnie pili nalewki z żeń-szenia. Dzięki temu, jak podają źródła, potrafili zaspokoić kilka nałożnic jednej nocy.

Łacińska nazwa oznacza panaceum, czyli lek na wszystko. Do Europy żeń-szeń przywędrował w X wieku. Początkowo nie wzbudził zainteresowania. Dopiero gdy król Francji Ludwik XIV dostał go od króla Syjamu z informacją o jego magicznej mocy, korzeń zaczął robić na dworze furorę głównie jako afrodyzjak. Do dziś ceni się jego wzmacniające, dodające energii, podtrzymujące aktywność seksualną właściwości.

Mechanizmy działania żeń-szenia wciąż są przedmiotem badań naukowców. Istnieje wiele publikacji potwierdzających tezy, że żeń-szeń poprawia przewodnictwo nerwowe, transport tlenu do mózgu i mięśni, a także reguluje gospodarkę hormonalną. Zawarte w nim substancje działają podobnie do hormonów – estrogenów (u kobiet łagodzą uciążliwe objawy klimakterium) i androgenów (u mężczyzn zwiększają potencję). Wyciągi z korzenia żeńszenia wzmagają również męską płodność. Powodują wzrost liczby plemników i zwiększają ich ruchliwość, co zostało udowodnione w badaniach. Ale to nie wszystko. Żeń-szeń usprawnia również cały organizm, pomaga przystosować się do trudnych warunków, pobudza ogólną witalność. Jeśli więc kłopoty z seksem wynikają ze stresu czy przepracowania, może on skutecznie pomóc. Można go stosować w postaci nalewek, herbatek czy kapsułek.

Ale uwaga! Kuracja żeń-szeniem nie może trwać jednak dłużej niż 2 miesiące. Przekraczanie dozwolonych dawek (czytajmy informacje na opakowaniu lub w ulotce) powoduje tzw. zespół żeń-szeniowy. Jego objawy są mało seksowne: senność, złe samopoczucie, nadciśnienie, biegunka, wysypka.

- **Miłorząb japoński (*Ginkgo biloba*)**
Choć znany jest powszechnie jako środek na poprawę pamięci i koncentracji, usprawnia przepływ krwi nie tylko w mózgu, ale również w narządach płciowych. Łagodzi zaburzenia krążenia, mogące stanowić przyczynę męskich problemów.

- **Maca (*Lepidium meyenii*)**
To egzotyczna roślina-afrodyzjak, jedno ze świętych ziół Inków. Cenne substancje – białka, węglowodany, witaminy, mikroelementy, fitohormony – zawarte są w jej korzeniu. Indianie peruwiańscy od lat stosują macę w celu podniesienia odporności, przy osłabieniu, wyczerpaniu, w okresie rekonwalescencji. Zawarte w niej związki korzystnie wpływają na potencję i płodność, dodają energii. Maca skutkuje wtedy, gdy przyczyną miłosnych kłopotów jest nie tylko stres, ale także wyczerpanie.

- **Damiana (*Turnera diffusa*)**
Mieszkańcy Ameryki Środkowej uważają ją za świętą roślinę. Działa uspokajająco, poprawia samopoczucie, pomaga przy depresji, reguluje pracę hormonów. Wyciąg z liści tej rośliny zwiększa popęd płciowy i wzmaga doznania erotyczne.

- **Eleuterokok kolczasty (Eleutherococus senticosus)**
Ze względu na swoje adaptogenne właściwości lecznicze nosi nazwę żeń-szeń syberyjski. Pobudza ośrodkowy układ nerwowy, zwiększa wydolność umysłową i fizyczną. Dodaje sił witalnych, pomocny jest przy zaburzeniach erekcji.

Warzywa-afrodyzjaki

Jeżeli mężczyzna pragnie być silnym żołnierzem
w armii bogini Wenus, musi być uzbrojony w warzywa,
zwłaszcza w bulwiaste korzenie, ponieważ pobudzają chuć.
– pisał żyjący w XVI w. Johan Jackom Wecker. Dziś także warzywa znajdują poczesne miejsce wśród pokarmów miłosnych. Bogate są w witaminy i mikroelementy, wspaniale działają na seksapil kobiet i potencję mężczyzn. Szczególne właściwości przypisuje się takim warzywom, jak:

- **Korzeń selera**
Już Hipokrates twierdził, że seler koi nerwy. O jego właściwościach afrodyzjakalnych wiedzieli Tristian i Izolda. We Francji tak bardzo wierzy się we właściwości podniecające selera, że od dawna napoje miłosne składają się głównie z jego soku. Znane są powiedzenia: *gdyby mężczyźni wiedzieli, jakie efekty dają selery, zapełniliby nimi swoje ogrody i seler czyni mężczyznę.* Korzeń selera zawiera substancje hormonopodobne, podsycające żar miłości. Bogaty jest także w apiol, olejek eteryczny, który działa drażniąco na mięśnie macicy, doprowadzając do seksualnego podniecenia. Oprócz silnych właściwości afrodyzjakalnych seler to swego rodzaju panaceum na zdrowie i urodę. Działa ogólnie wzmacniająco, przeciwmiażdżycowo, antystresowo i odświeżająco. Warto to przedłużające młodość warzywo jeść w każdej postaci, byle często.

- **Natka selera**
Zawiera substancje, które poprawiają pracę gruczołów płciowych. Posiekaną można dodawać do sałatek, kanapek, makaronów lub przyprawiać nią pieczone mięso. Aby polepszyć samopoczucie, wystarczy łyżeczka natki dziennie.

- **Seler naciowy**
Wprawia w dobry humor i pobudza pracę gruczołów płciowych. W romantycznej kolacji nie powinno więc zabraknąć sałatki z tego warzywa. Potrawa ta z pewnością zaostrzy zakochanym apetyt na seks.

- **Fenkuł (Koper włoski)**
Starożytni Grecy, Rzymianie, Egipcjanie, Arabowie, a także Chińczycy uznawali go za wyjątkowo skuteczny afrodyzjak, doceniali jego wpływ na wzrost potencji u mężczyzn. W Indiach wyciskano z niego sok, który mieszano z mlekiem, miodem i lukrecją. W krajach basenu Morza Śródziemnego popularna była zupa fenkułowa. Natomiast w średniowieczu chętnie pito fenkułowe winko, by sprawdzić się w łożu. Nie żałowały sobie tego specjału także białogłowy.

Dziś wiadomo, że koper włoski działa nie tylko jak afrodyzjak, ale pomaga przy dolegliwościach żołądkowych i wzmacnia układ moczowo-płciowy. Bogaty jest w fitoestrogeny, dlatego korzystny jest w okresie menopauzy.

Działa także przeciwzapalnie i dezynfekująco. Składniki pobudzające kopru włoskiego znajdują się w dolnej części tej rośliny i w nasionach. Nasionami fenkułu warto przyprawiać ryby. Bulwy można nadziewać farszami, gotować, dusić i zapiekać. Ile kopru należy podać ukochanemu mężczyźnie, by był chętny do miłosnych figli, to już sprawa indywidualna.

• **Karczochy**
Zdaniem Francuzów należą do najsilniejszych afrodyzjaków. Włosi nazywali je ziemniakami miłości, a o żądnych erotycznych przygód panach mawiali, że mają karczochowe serce. Obfitują w cenne węglowodany, witaminy i minerały, są mało kaloryczne. Obniżają poziom „złego" cholesterolu, poprawiają samopoczucie, a przede wszystkim zwiększają zdolność do przeżywania miłosnych uniesień.

• **Pietruszka**
Podobno wypróbował na sobie jej działanie sam Juliusz Cezar. W starożytnym Rzymie uznawano ją bowiem za afrodyzjak zwiększający potencję. W średniowieczu za jej pomocą odprawiano miłosne czary. Zawiera mnóstwo witamin i mikroelementów. Nic dziwnego, że mówiło się o niej kiedyś „pierwsza po mleku". Dziś wiadomo, że korzeń pietruszki bogaty jest w apiol – działający drażniąco olejek eteryczny, przez co zwiększa się nasza ochota na seks.

• **Marchew**
W starożytności służyła powszechnie do sporządzania eliksirów miłosnych. Grecy nazywali ją *philtron* (napój miłosny). Jej walory pobudzające ceniono też na Dalekim Wschodzie. W czasach elżbietańskich zwano ją *wielkim sprzymierzeńcem Wenus, jej rozkoszą i radością*. Arabowie zalecali jedzenie marchwi duszonej w mleku, natomiast faworyta Ludwika XV, madame de Pompadour, gustowała w soku z marchwi.
Właściwości afrodyzjakalnych marchewki nie wiążemy dziś z jej erotycznym kształtem. Tajemnica jej mocy tkwi w witaminach E i C, selenie oraz beta-karotenie. Jeśli zatem jada się ją regularnie, znikają problemy z seksem.

• **Szparagi**
Znane są od ponad 3 tysięcy lat. Wiemy, że jedli je starożytni Egipcjanie, Grecy i Rzymianie, którzy zwykli mawiać: *Zrób to zanim ugotują się szparagi*.

Szejk Umar Ibn Muhammed Al Nefzawi w „Aromatycznym ogrodzie", utworze z XVI w., napisał o szparagach:

Smażone z żółtkami w tłustym mleku wielbłądzim i miodzie powodują, iż męski członek jest w pogotowiu dzień i noc.

Prawdziwą furorę zrobiły szparagi we Francji w czasach Ludwika XIV, skąd trafiły na inne dwory europejskie. Uznano je za najbardziej budzące pożądanie warzywo. Zbigniew Kuchowicz w „Miłości staropolskiej" pisał o nich, że *rodzą chucie lubieżne i skłaniają do miłostek.* Także dziś ceni się ich afrodyzjakalne działanie. Romantyczna kolacja nie może się zatem obyć bez tego delikatnego w smaku, odpowiednio przyrządzonego warzywa. Szparagi pobudzają produkcję hormonów, rozpalają zmysły. Warto je wprowadzić do swojego menu także z innych względów. Są one bowiem prawdziwą skarbnicą witamin K, B i C, a także niezłym źródłem żelaza, potasu i fosforu. Zawierają również wspierający płodność cynk. Zaleca się je w dolegliwościach naczyniowo-krążeniowych.

• **Pomidory**
Zostały przywiezione z Ameryki Południowej przez Hiszpanów w XVI wieku. Wkrótce zyskały opinię „demona budzącego smoka seksu". Ich miąższ – czerwony, soczysty i zmysłowy – budził niekiedy oburzenie. Cnotliwe kobiety nie jadły ich wcale, w przeciwieństwie do niecnotliwych, które mogąc obwiniać owo warzywko o swoje grzeszki, zajadały się nimi bardzo chętnie. Francuzi nazwali pomidora pomme d'amour, czyli „jabłko miłości". Freud uznawał je za warzywo wyjątkowo podniecające, które działa na naszą podświadomość.
   Do dziś uważa się, że pomidor jest jednym z najmocniejszych afrodyzjaków. Już sama jego czerwona, energetyczna barwa poprawia nam nastrój. Zawiera składnik o podobnym działaniu jak hormon szczęścia – serotoninę. Chwali się go za przeciwdziałanie nowotworom (beta-karoten), zbawienny wpływ na mięsień sercowy (potas) i sprzyjanie chudnięciu.

• **Chrzan**
Zawsze kojarzył się z męskością, był więc obowiązkową przyprawą przede wszystkim na ucztach weselnych. Dodawał panu młodemu odwagi i wigoru przy spełnianiu małżeńskich powinności. Chrzan jest dziś ceniony nie tylko

za swoje afrodyzjakalne właściwości. Ma sporo innych zalet. Poprawia przemianę materii, pomagając spalić nadwyżki kalorii. Jako bogate źródło witaminy C podnosi odporność organizmu. Ponadto zawiera substancje o właściwościach bakteriobójczych.

• **Papryka**

Bułgarzy i Węgrzy twierdzą, że *i starcom doda siły i rzadko spotykanej krzepy*. Dzięki wyjątkowo dużej zawartości witamin A i C, a także kwasu foliowego i potasu działa ogólnie wzmacniająco i pobudzająco.

• **Soja**

Ratowali nią swój wigor Chińczycy. Jej ziarna to świetne źródło witaminy B6 oraz witaminy młodości E. Doskonale wzmacnia siły witalne i łagodzi nerwy.

• **Czosnek**

Jest znanym od wieków afrodyzjakiem. O jego potęgującym ochotę na seks działaniu pisał Owidiusz w „Sztuce kochania". Rzymianie poświęcili go bogini płodności Ceres i sporządzali z niego napój miłosny z dodatkiem odrobiny kolendry. Żyjący w XVI w. arabski podróżnik Ibn Battuta w relacjach ze swoich wypraw z lubością wspominał pobyt na wyspie Dibat El Halal, gdzie używano czosnku dosłownie do wszystkiego, osiągając niespotykaną „siłę męską". Jak długo przebywałem u nich – pisze Ibn Battuta – *miałem cztery prawowite żony i byłem codziennie w gotowości dla każdej z nich.*

Dziś wiadomo, że czosnek reguluje ciśnienie krwi i zmniejsza poziom cholesterolu, a także dodaje energii życiowej. Poprawiając ukrwienie narządów płciowych, wzmaga satysfakcję seksualną. Jest też skutecznym lekarstwem na kłopoty z erekcją.

Pamiętajmy jednak o tym, że czosnek przydaje miłości ognia tylko wtedy, gdy kochankowie wspólnie go spożywają. W przeciwnym razie w mig stygną miłosne zapędy. Niemiły zapach likwiduje natka pietruszki i goździki, które jednocześnie ożywiają zmysły. By zapach czosnku nie przekreślił naszych zamiarów, przed jedzeniem warto go skropić cytryną.

• **Bakłażan**

Inaczej nazywano go gruszką miłosną. Był cenionym w krajach śródziemnomorskich luksusowym afrodyzjakiem na królewskich stołach. Warzywo to gwarantuje dobrą formę w sypialni i długowieczność, gdyż obniża poziom „złego" cholesterolu we krwi. Jest skarbnicą witamin i minerałów działających wzmacniająco i antystresowo.

• **Kukurydza**
Dostarcza żelaza, potasu, selenu, cynku i witaminy B, a zatem składników odgrywających ważną rolę w miłosnym menu. To doskonały produkt dla mózgu i całego układu nerwowego.

Owoce rozpalające zmysły

Piersi jak melony, usta jak maliny. Erotyczny słownik pełen jest owocowych porównań. Nic dziwnego, gdyż to, co miękkie, soczyste i pachnące, budzi zmysły. Nawet nauka potwierdza, że owoce sprzyjają namiętności. Na czym polega miłosny fenomen owocowej diety? Prawdopodobnie na poczuciu lekkości. Zupełnie inaczej czujemy się po zjedzeniu np. lekkich sałatek, do których sporządzenia wykorzystaliśmy soczyste owoce, niż po daniach ciężko strawnych. Owoce mają duży ładunek składników regenerujących siły, a dodatkowo erotyczny podtekst. Seksapil budzą zwłaszcza takie owoce, jak:

• **Awokado**
Podobno awokado bardziej działa na zmysły kobiet niż mężczyzn. Z uwagi na to, że zawiera sporo potasu, wzmacnia serce, koi nerwy i pozwala się zrelaksować.

• **Banany**
Wywołują oczywiste skojarzenia. Zasady XIX-wiecznego savoir-vivre'u zabraniały młodym dziewczętom spożywania ich w obecności chłopców. Ze względu na sugestywny kształt powinny znaleźć się w miłosnym menu. Znajdujące się w tych owocach minerały, witaminy i cukier zwiększają seksualną wydolność. Banana split (banan zapiekany w czekoladowym sosie) może być świetnym zwieńczeniem romantycznej kolacji.

• **Winogrona**
Od zawsze kojarzą się z cielesnymi rozkoszami i radosnym bogiem Dionizosem. W starożytnym Rzymie podawano je w czasie uczty weselnej, a ich so-

kiem panna młoda smarowała sobie ciało. To miało dać jej siłę do zadowolenia męża podczas nocy poślubnej.

Dziś docenia się nie tylko walory zdrowotne tych owoców, ale także to, że potęgują one zapał do uciech zmysłowych i pobudzają erotyczną wyobraźnię, prowokując do wymyślania wyrafinowanych sposobów kochania się. Wigor, jakiego dodają, jest m.in. zasługą antyoksydantów, których w tych owocach jest wyjątkowo dużo. Wspomagają one i mobilizują układ krążenia, a jego sprawność zwiększa zarówno gotowość do seksu, jak i intensywność doznań.

To z winnych gron wyrabia się wino, a wiadomo, że bez wina jakakolwiek próba miłosnych uciech zamienia się w nudę. Szklaneczka lub dwie dobrego wina uprzyjemnią spotkanie, ale większa ilość trunku może zepsuć cały, świetnie przygotowany wieczór. Wino poprawia nastrój, trawienie, krążenie i pracę serca, ale też ogólnie wzmacnia nasz organizm.

• Figi
W starożytnej Grecji były uświęconymi owocami, stanowiącymi symbol miłości fizycznej i płodności. Chętnie jedzono je podczas Saturnaliów. W Chinach figami obdarowywano nowożeńców. Owoce te pobudzają procesy trawienne, a jak wiadomo, z ciężkim żołądkiem trudno o seksualną sprawność.

• Jabłka
Symbol pokusy, ale również płodności. Zawsze kojarzono je z miłością i małżeństwem. Obfitują w niezwykle ważne dla naszego zdrowia składniki odżywcze. Jedząc jabłko każdego dnia, na pewno unikniesz wizyt u lekarza – twierdzą Anglicy. I mają rację.

• Brzoskwinie
W Chinach otaczano brzoskwinie czcią. Ich walory jako owoców budzących zmysły zachwalał średniowieczny zielarz Albertus Wielki. Od zawsze pobudzały erotyczną fantazję mężczyzn. Brzoskwinie utarte z miodem i lukrecją były ulubionym deserem kochanków. Owoce te warto wprowadzić do menu ze względu na ich znaczną wartość odżywczą. Zawierają wiele prowitaminy A, sporą ilość witaminy C i B, a także składniki mineralne, zwłaszcza żelazo i wapń. Są to składniki działające ogólnie wzmacniająco i antystresowo.

- **Śliwki**
Zawarty w śliwkach bor utrzymuje prawidłowy poziom estrogenów. Dlatego owoce te są szczególnie polecane kobietom w okresie menopauzy. Śliwki obniżają także poziom cholesterolu, poprawiają trawienie oraz mają działanie „rozweselające", tj. antydepresyjne.

- **Gruszki**
W średniowieczu z powodu zmysłowego kształtu uchodziły za owoc grzeszny. Są nie tylko źródłem zmysłowej słodyczy, ale również ważnych dla zdrowia minerałów i witamin. Dostarczają potasu, magnezu i jodu. Błonnika mają niemal dwukrotnie więcej niż jabłka, a dzięki tzw. kamiennym komórkom pobudzają trawienie i perystaltykę jelit.

- **Granaty**
Nazywane są jabłkami miłości. Z uwagi na swój kształt i zaskakującą ostrość, były symbolem płodności od czasów, kiedy Salomon podejmował królową Sabę. Dziś wiadomo, że te budzące zmysły owoce zawierają sprzyjające zdrowiu i miłości fitoestrogeny.

Owoce morza

Nic dziwnego, że Botticelli w „Narodzinach Wenus" przedstawił boginię wychodzącą z rozłożystej muszli. Frutti di mare, czyli owoce morza, zajmują przecież pierwsze miejsce na liście afrodyzjaków. Małże, krewetki, homary, a zwłaszcza ostrygi od dawna są uznawane za pokarm... miłości. Słynny Casanova, który tłumaczył swoje wysokie libido zażywaniem tzw. muchy hiszpańskiej, w rzeczywistości zjadał po prostu bardzo erotyczne posiłki, zwłaszcza kolacje. Jak głosi legenda, uwielbiał ostrygi i pochłaniał ich jednorazowo nawet 50. Ostrygi do dziś uchodzą za kwintesencję afrodyzjaku. Nieliczni doceniają natomiast wartość kalmarów. To błąd! Te morskie stworzenia, spokrewnione z ośmiornicami, są prawdziwym rarytasem. Zawierają mnóstwo żelaza oraz cynku – tego ostatniego mają więcej tylko ostrygi.

Afrodyzjakalne działanie owoców morza jest zasługą zawartego w nich selenu, który wraz z witaminą E wpływa na płodność i poprawia kondycję seksualną. Zawierają również cynk, który uznawany jest za minerał seksu. Pamiętajmy też o tym, że są one dobrym pożywieniem dla sercowców – zawierają nienasycone kwasy tłuszczowe, obniżające poziom cholesterolu.

Warto wiedzieć: mrożone owoce morza dobrze jest dodawać do potraw bez uprzedniego rozmrażania. Czas obróbki cieplnej należy wtedy wydłużyć o połowę. Produkty w konserwach w sosie własnym przed dodaniem do potraw trzeba opłukać. Dania z owocami morza można przechowywać w lodówce tylko kilka godzin.

Ryby

Za afrodyzjaki uważa się łososia, tuńczyka, sandacza, pstrąga, węgorza, solę, śledzie, makrele, sardynki, karpie. Zawierają fosfor, wapń, cynk, jod, żelazo, witaminy z grupy B, a zatem składniki wspomagające miłosne powodzenie – pobudzają produkcję hormonów, a także... plemników!

Kawior

To niekwestionowany król miłosnej kuchni. Nie bez powodu nazywany jest ciastem miłości. Już w XVII w. rozpoczynano nim miłosny wieczór we dwoje. Dziś wiadomo, że cynk występujący w kawiorze podwyższa poziom testosteronu – hormonu męskości. Duża zawartość fosforu wspomaga działanie centralnego systemu nerwowego, a zatem korzystnie oddziałuje na nasze samopoczucie. To doskonała przystawka o szybkim działaniu i wytworny dodatek do szampana.

Dziczyzna

Curnonsky, wielki koneser kuchni paryskiej, w latach dziewięćdziesiątych XIX w. stwierdził:

Zając jest księciem afrodyzjaków.
Jeżeli wiesz, jak go przyrządzać.

Szczególne właściwości przypisywano też jeleniom oraz dzikiemu ptactwu, zwłaszcza kuropatwom i bażantom. Najlepiej podawać ją w formie pieczeni z sosem, w którego skład wchodzą pieprz, lubczyk, kminek, nasiona selera i miód. Dietetycy z wielu ośrodków naukowych zwracają dziś uwagę na niewątpliwe zalety dziczyzny. I słusznie, mięso dzikich zwierząt jest niskokaloryczne, nietłuste, daje dużo energii i wspomaga organizm w regeneracji.

Jagnięcina

To ceniony od dawna afrodyzjak, zwłaszcza przez koneserów sztuki miłosnej – Arabów. Jest kopalnią cynku, bardzo ważnego „pierwiastka erotycznego" każdego mężczyzny.

Drób

Dostarcza energii, a przy tym jest lekko strawny. Zawiera wartościowe białko, a także witaminy i minerały cenione w „miłosnej aptece".

Jajka

To symbol nowego życia, źródło białka i „miłosnych" witamin z grupy B. Surowe żółtka są bogate w proteiny, minerały i tłuszcze, które dostają się bezpośrednio do krwiobiegu i natychmiast wpływają na poprawę męskiego libido. Jajka odgrywają ważną rolę w potrawach i napojach miłosnych kuchni arabskiej i francuskiej. Za smaczny i wyjątkowo skuteczny uchodzi nektar z jaj przepiórczych i miodu.

Trufle

Choć grzyby trudno nazwać łatwo strawnymi, niektóre spośród nich uznaje się za afrodyzjaki. To borowiki, smardze i trufle. Wbrew obiegowej opinii, są źródłem witamin. Trufle są najrzadziej spotykanymi i najkosztowniejszymi grzybami świata. Jako afrodyzjaki znane były już w średniowieczu. Zalecał je w tym charakterze XIX-wieczny francuski smakosz Brillat-Savarin. W starych księgach pisano, że kobietę czynią podatniejszą na zaloty, a mężczyznę namiętniejszym. Wielkim entuzjastą trufli był Napoleon. Przepis na trufle podaje Collette w „Ziemskim raju":

Zanurzone w dobrym, bardzo wytrawnym winie,
posolone bez przesady i delikatnie popieprzone
mogą być gotowane w zwykłym żeliwnym rondlu
pod przykryciem.
Przez 25 minut muszą nieprzerwanie tańczyć w wirze baniek
i pianie, którą burzą, jak trytony wokół tajemniczej Amfitryty.
Potem należy dodać trochę kawałeczków tłustego bekonu,
ale nie nazbyt tłustego, aby nadały bulionowi mocy.
Nie potrzeba żadnych innych ziół i przypraw.
Nie jedz trufli bez wina.

Trufle zawierają składniki, działające jak adrenalina, i wywołują silne podniecenie. Mają tak silny aromat, że najczęściej nie stanowią oddzielnego dania, ale używa się ich jako przyprawy do najbardziej wykwintnych dań.

Słonecznik

Majowie uważali go za cenny afrodyzjak. Przed nocą miłosną wypijali napar z wygotowanych płatków kwiatu. Ziarna słonecznika są bogatym źródłem witaminy E, nasilającej popęd seksualny i pobudzającej produkcję hormonów. Można dodawać je do surówek i sałatek oraz innych potraw. Warto sprawdzić też właściwości ziaren słonecznika w cukrze. Wystarczy wsypać na rozgrzaną patelnię garść ziaren i odrobinę je podpiec. Gdy lekko zbrązowieją, dodać łyżkę miodu i smażyć chwilkę.

Pestki dyni

Zawierają dużo witaminy E, uważanej za witaminę płodności. Stosuje się je w leczeniu prostaty.

Orzechy i migdały

Od dawna ceniono je jako afrodyzjaki. Dla starożytnych Greków i Rzymian były symbolem płodności. Do dziś używane są przez niektóre plemiona afrykańskie w charakterze lekarstwa na męską płodność. Szczególne właściwości przypisuje się orzechom laskowym, włoskim i pistacjowym. Dziś wiadomo, że zarówno orzechy, jak i migdały dostarczają organizmowi dużych ilości witamin z grupy B, witaminę młodości E oraz magnezu, które wywierają bardzo duży wpływ na nasze samopoczucie, a także na udane życie seksualne.

Kiełki

Skiełkowane nasiona od wieków ceniono na Dalekim Wschodzie. Arabowie już setki lat temu nie żałowali sobie tego przysmaku. Miseczka skiełkowanych ziaren była obowiązkowym daniem na uczcie weselnej. Im pan młody był starszy, tym więcej ich jadł, by w alkowie zadowolić żonę. Kiełki roślin doceniano również w starożytnym Rzymie. Podobno właśnie im gladiatorzy zawdzięczali opinię łóżkowych herosów... Są one również obowiązkowym elementem w diecie plemienia Hunzów, zamieszkującego Szczęśliwą Dolinę w Himalajach. Fenomen polega na tym, że członkowie tego plemienia żyją znacznie dłużej niż inne narody i prawie w ogóle nie chorują. Dłużej też mogą cieszyć się z uroków życia.

Kiełki zawierają dużo witaminy młodości E i cynku, który ma wpływ na płodność mężczyzn. Bogate są również w wiele innych cennych składników, dlatego powinniśmy codziennie zjadać ich choć trochę. Ostatnie badania wykazują, że kiełki są świetnym afrodyzjakiem także dla kobiet. Spróbujmy zatem poeksperymentować z daniami, w których są one głównym składnikiem.

Mak

Stosowano go już w starożytnym Egipcie jako roślinę radości, która działa podniecająco na zmysły, wzmaga popęd płciowy, rozbudza fantazje erotyczne. Mak zawiera mnóstwo „witamin miłosnych": A, C, E, a także żelazo, magnez i wapń. Zakochani mogą delektować się makowym deserem. Wystarczy zalać mlekiem pół szklanki maku i gotować go 20 minut. Następnie odcedzić, utrzeć w makutrze, dodać miód, 2 łyżki konfitury wiśniowej i łyżkę posiekanej skórki pomarańczowej.

Drożdże

Zadowolenie z życia seksualnego zwiększa dieta bogata w witaminy z grupy B. W dużej ilości występują one w drożdżach.

Ser pleśniowy

Zawiera dużo cynku, który jest odpowiedzialny za ochotę na miłość.

Czekolada

Ostatni władca Azteków, Montezuma, by zaspokoić jednej nocy kilka ze swoich 600 żon, każdego wieczoru wypijał napój z kakao. Sporządzany był on z uprażonych ziaren kakaowca z dodatkiem wody, mąki kukurydzianej, wanilii i pieprzu. Ten wzmagający męską pożądliwość napój poświęcano bogini Xochiquetzal – opiekunce kwiatów i miłości. Cortez wzbogacił jego smak, dodając do kakao nieznany Indianom cukier.

Egzotyczny napój wkrótce stał się modny na dworze króla Hiszpanii Karola V jako prawdziwy eliksir miłosny. Stamtąd trafił na inne dwory europejskie. Zalecał ją jako afrodyzjak Casanova. Madame du Barry, nałożnica Ludwika XV, częstowała czekoladą swych kochanków, a dwór Ludwika XIV pił ją kilka razy dziennie. Dumas zalecał czekoladę jako afrodyzjak i napój pokrzepiający po spotkaniu miłosnym:

A więc, jeśli któryś z mężczyzn zaczerpnie zbyt
duży haust z pucharu zmysłowości
... pozwólcie mu wypić pół litra czekolady pokrytej
polewą z ambry w proporcji 72 gramy ambry na pół kilo czekolady,
a staną się rzeczy zadziwiające.

Dziś wiadomo, że czekolada zawiera teobrominę i kofeinę, pobudzającą układ nerwowy, oraz fenyloetylaminę, która ma wpływ na nasze samopoczucie. Tajemnica powodzenia czekolady tkwi w radości, jaką sprawia jej aksamitna, rozpływająca się w ustach konsystencja i nieprzeciętny smak. Poprawiając nastrój, czekolada zwiększa ochotę na miłosne igraszki.

Miód

W starożytnej Grecji sławą skutecznego afrodyzjaku cieszył się hymettus – miód o smaku majeranku i mięty, czyli ulubionych ziół Afrodyty. Miód dodawano do potraw o charakterze afrodyzjakalnym na Dalekim Wschodzie. Po-

41

dobno nazywanie pierwszych trzydziestu dni po złożeniu małżeńskiej przysięgi „miesiącem miodowym" wzięło się stąd, że niegdyś we wschodniej Polsce i na Rusi młodym nie pozwalano podczas wesela pić niczego poza miodem. Widać zauważono, że wódka i inne napoje alkoholowe pite w dużych ilościach obniżają potencję seksualną, tak ważną podczas nocy poślubnej. Miód pitny erotyczną klęską nikomu nie groził, wprost przeciwnie, dodawał energii i wigoru.

Także dziś powinien się on znaleźć na poczesnym miejscu w spiżarni każdego kochanka. Jest on jednym z najlepiej przyswajalnych przez organizm źródeł energii, szybko przenika do krwiobiegu, jednocześnie nie obciąża żołądka. Zawarte w nim naturalne substancje rozbudzają pożądanie...

Szampan

Odkryty przez pewnego benedyktyna *szatański trunek* szybko uderza do głowy. Podobnie jak miłosne zauroczenie! Wprawia w doskonały nastrój, dodaje śmiałości i pewności siebie... Afrodyzjakalne walory szampana doceniał m.in. król Ludwik XV i madame de Pompadour.

Świetnie smakuje z truskawkami albo ostrygami. Szampan jest typowym rekwizytem scen miłosnych. Już sama jego butelka o fallicznym kształcie wywołuje erotyczne skojarzenia. Wyraźny zapach i syczący odgłos bąbelków budzą apetyt na miłosną ucztę. Jak każdy alkohol wypity z umiarem zwiększa apetyt na seks. Pamiętajmy: małe dawki alkoholu działają jak afrodyzjak, są też dobrym lekarstwem na kłopoty z erekcją. Alkohol pity w nadmiarze zamiast pobudzać, usypia.

Kawa

Pomaga odzyskać energię, działa m.in. pobudzająco na ośrodkowy układ nerwowy, polepsza procesy kojarzeniowe, zmniejsza zmęczenie i senność. Pozwala zatem zwalczyć ospałość, rozbudza i podnosi ciśnienie. Należy jednak pamiętać, że nie wolno jej pić bez ograniczeń. Możemy ją przedawkować. Przyspieszone bicie serca, podwyższone ciśnienie krwi, drżące ręce, niepokój i bezsenność – to typowe objawy nadmiaru kofeiny w naszym organizmie.

Erotyczna Tablica Mendelejewa

Afrodyzjaki zawierają składniki – witaminy i minerały – zwiększające popęd seksualny i wzmagające płodność. Wśród nich najważniejszą rolę odgrywają:

- **Witaminy z grupy B**

Niedostatek witaminy B6 jest kojarzony przez specjalistów z bezpłodnością. Witamina ta pomaga też utrzymać równowagę aktywności hormonów płciowych. Znajdziemy ją w chudym mięsie, rybach, kiełkach pszennych, drożdżach, fasoli. Pozostałe witaminy z grupy B niezbędne są do produkcji energii, ważne są także dla prawidłowego funkcjonowania mózgu i nerwów – są to witaminy antystresowe, przyspieszają wytwarzanie w naszym organizmie serotoniny, czyli „hormonu szczęścia". Znajdziemy je przede wszystkim w roślinach strączkowych, kiełkach, drożdżach, jajkach, mleku.

- **Witamina C**

Brak kwasu askorbinowego powoduje zakłócenia w wytwarzaniu hormonów, utrudnia wchłanianie żelaza, osłabia odporność i układ nerwowy. Zwiększone dawki witaminy C mogą sprzyjać płodności, zwłaszcza u mężczyzn. Testy wykazały, że dawka 500–1000 mg witaminy dziennie zwiększa ilość i jakość wytwarzanej spermy. W witaminę C obfitują m.in. owoce cytrusowe, czarne porzeczki, rzeżucha, kiwi, truskawki oraz papryka.

- **Witamina E**

Jest bardzo ważna dla udanego życia seksualnego. Ten silny przeciwutleniacz nasila popęd seksualny, pobudza produkcję hormonów i chroni męskie nasienie przed szkodliwymi czynnikami. Witaminę młodości i płodności znajdziemy m.in. w oleju słonecznikowym, orzechach (zwłaszcza ziemnych), kiełkach, awokado, soi, ziarnach zbóż.

- **Cynk**

Od tego pierwiastka zależy, jak udane jest życie seksualne mężczyzn. Jest jednym z podstawowych składników wpływających na jakość spermy. Niski jego poziom w organizmie zmniejsza popęd seksualny. Pierwiastek ten jest odpowiedzialny za podniesienie poziomu męskiego hormonu – testosteronu odpowiedzialnego za libido. Solidna porcja tego pierwiastka sprzyja wzrostowi męskich sił witalnych. Wpływa także korzystnie na odporność, skórę i włosy. Tymczasem aż sześciu na dziesięciu mężczyzn ma go w diecie mniej niż 15 mg, a właśnie taka dawka jest konieczna dla organizmu.

Bogate w cynk są owoce morza (najwięcej cynku jest w ostrygach), korzeń imbiru, mięso (zwłaszcza jagnięce) i podroby, pełnoziarniste pieczywo, brązowy ryż, zielone warzywa liściaste, rośliny strączkowe, drożdże, pestki dyni, kiełki pszenicy, produkty mleczne, jajka. Ważne jest, abyśmy starali się jeść potrawy świeże, nieprzetworzone, gdyż pierwiastek ten łatwo ulega zniszczeniu w procesie przetwarzania żywności. I jeszcze jedno: nadmiar cukru i słodyczy powoduje utratę cynku.

Poziom cynku obniża się z wiekiem. Do niedoborów może dojść również u wegetarian, a także osób prowadzących aktywne życie (np. intensywnie uprawiających sport), ponieważ jest on wydalany wraz z potem. Zwiększone zapotrzebowanie na cynk zaobserwowano również u palaczy, osób nadużywających alkoholu oraz ludzi stosujących monotonną dietę. Z pożywienia wchłania się tylko 20–40 proc. tego pierwiastka. Warto pomyśleć o preparatach witaminowych z cynkiem.

• Selen
W męskiej diecie powinno go być pod dostatkiem, bo pomaga uniknąć kłopotów z prostatą. Wpływa na jakość wytwarzanej spermy. Wspomaga w działaniu witaminę E, która jest potrzebna do prawidłowego działania męskiego układu płciowego. Selen jest pierwiastkiem młodości – ma właściwości przeciwutleniające i chroni organizm przed działaniem wolnych rodników i czynników rakotwórczych. Dodatkowo chroni organizm przed szkodliwym wpływem metali ciężkich.

Ten minerał znajdziemy w otrębach, mące pełnoziarnistej, brązowym ryżu, chudym mięsie, płatkach owsianych, owocach morza, warzywach strączkowych, brokułach, cukinii, pomidorach, kukurydzy, kiełkach pszenicy.

• Kwasy tłuszczowe
Zwłaszcza kwas linolowy, który odgrywa ważną rolę przy wytwarzaniu męskiego nasienia. Jest go wiele w oleju słonecznikowym, oleju z ogórecznika i orzechach.

- **Arginina**

Amerykańscy chemicy otrzymali Nagrodę Nobla za odkrycie erogennych właściwości tlenku azotu w ludzkim organizmie. Niedobór tej substancji sprzyja zaburzeniom erekcji u mężczyzn, u kobiet zaś może obniżać libido i spowodować trudności z osiąganiem orgazmu. Tlenek azotu powstaje z argininy, którą można znaleźć w niektórych preparatach „podkręcających" libido oraz w pożywieniu. Arginina zwiększa ilość spermy oraz ruchliwość plemników. Jej źródłem są produkty wysokobiałkowe, jak chude mięso, jajka, nasiona roślin strączkowych, a także orzechy, kukurydza, ziarna słonecznika, ryż i przetwory mleczne.

Produkty studzące miłosne zapędy

Warto popracować nad późniejszym odczuwaniem rozkoszy metodą unikania. Zrezygnujmy zatem z:

- **Piwa**

Wywołuje ociężałość, powoduje nieświeży oddech – a to nie zachęca do całowania...

- **Wódki**

Tylko w pierwszej chwili sprawia, że krew szybciej krąży. Po chwili przychodzi osłabienie seksualnych możliwości.

- **Krwistych befsztyków, tłustego mięsa**

Wprawdzie w latach 30. XX w. uważano powszechnie, że jedzenie krwistych befsztyków pobudza w mężczyźnie żądzę i temperament, dziś zaleca się raczej wyczerpanym miłosnymi podbojami kochankom spożywanie innych dań, które dodadzą energii i wyostrzą apetyt na ponowny seks.

W miłosnej diecie powinno się ograniczyć tłuste, ciężko strawne jedzenie, a najlepiej całkowicie je wyeliminować. Źle wpływa na nasz układ krążenia i gospodarkę hormonalną. Tłuste potrawy obniżają poziom hormonów męskich (testosteronu) i żeńskich (estrogenów), które odpowiedzialne są za pożądanie. Lepszy jest lekki posiłek z jedną lampką czerwonego wina.

- **Potraw mącznych i ziemniaczanych**
Wyraźnie nas rozleniwiają, działają jak tabletka nasenna. Nie pasuje do nich wino.

- **Papierosów**
Palenie papierosów zwęża naczynia krwionośne i utrudnia przepływ krwi. Może być powodem zaburzeń erekcji, a nawet impotencji. By zachować formę w sypialni, lepiej z nich zrezygnować. Dla pań ważne jest to, że palenie papierosów przyspiesza występowanie menopauzy.

EROTYCZNE MENU

Sałatki i przekąski

Pocałunek Afrodyty
1 porcja – 330 kcal

◇ *1 główka sałaty lodowej,* ◇ *40 dag truskawek,*
◇ *20 dag sera rokpol,* ◇ *4 łodygi selera naciowego.*
◇ *1 ogórek,* ◇ *4 łyżki oliwy,* ◇ *4 łyżki soku jabłkowego,*
◇ *4 łyżki octu winnego,* ◇ *sól i świeżo zmielony pieprz do smaku,*
◇ *2 łyżki posiekanej natki pietruszki,* ◇ *listki mięty*

Sałatę opłukać, osuszyć i rozdrobnić. Truskawki umyć, usunąć szypułki i pokroić w plasterki. Ser pokroić. Seler naciowy opłukać i pokroić. Ogórek umyć, nie obierać, pokroić w półplasterki. Przygotowane składniki polać sosem sporządzonym z oliwy, octu winnego, soku jabłkowego, soli, pieprzu i posiekanych listków mięty. Całość delikatnie wymieszać. Sałatkę posypać posiekaną natką pietruszki.

Sałatka dla nieśmiałych
1 porcja – 360 kcal

◇ *1 opakowanie mrożonych paluszków krabowych,*
◇ *3 jajka,* ◇ *2 awokado,* ◇ *1 pęczek koperku,*
◇ *sok z ¹/₂ cytryny,* ◇ *¹/₂ szkl. majonezu dietetycznego,*
◇ *sól i biały pieprz do smaku*

Jajka ugotować na twardo, ostudzić, obrać, pokroić w ósemki. Paluszki krabowe lekko rozmrozić, pokroić na kawałki. Awokado przekroić, wyjąć pestki (nie wyrzucać), obrać ze skórki i pokroić na dość duże cząstki. Skropić je połową soku z cytryny. Koperek opłukać i posiekać. Majonez doprawić solą, pieprzem i pozostałym sokiem z cytryny. W salaterce delikatnie wymieszać paluszki krabowe, jajka, awokado i koperek. Aby awokado nie ściemniało, do sałatki włożyć pestki. Sałatkę przed podaniem schłodzić w lodówce.

Sałatka wytworna
1 porcja – 190 kcal

◇ *50 dag szparagów,* ◇ *2 karczochy,*
◇ *1 awokado,* ◇ *1 cykoria,* ◇ *zielona sałata,*
◇ *¹/₂ pęczka natki pietruszki,* ◇ *rzeżucha,*
◇ *sok z 1 cytryny,* ◇ *sos winegret,* ◇ *sól,*
◇ *cukier,* ◇ *kwiat nasturcji*

Szparagi obrać, obciąć im twarde koniuszki. Zanurzyć na chwilę w zimnej wodzie zaprawionej sokiem cytrynowym. Gotować (najlepiej powiązane w pęczki główkami do góry) w osolonym i lekko posłodzonym wrzątku pod przykryciem. Po ugotowaniu – odcedzić i ostudzić. Z karczochów zdjąć zewnętrzne najtwardsze listki. Pozostałym przyciąć czubki. Także wykąpać w zimnej wodzie z sokiem cytrynowym. Następnie gotować we wrzątku z dodatkiem soku z cytryny, odrobiną cukru i soli do miękkości (około 20 minut). Po ugotowaniu odcedzić, ostudzić i pokroić na ósemki (odrzucić części najtwardsze).

Awokado obrać, wyjąć pestkę i pokroić w plasterki. Cykorię oczyścić ze ściemniałych liści, odciąć zgorzkniałą część u nasady i grubo pokroić. Natkę pietruszki umyć i poobrywać listki (nie siekać!). Rzeżuchę opłukać i rozdrobnić. Wszystkie składniki skropić sokiem cytrynowym, by nie ściemniały. Ułożyć w salaterce liście sałaty, a na nich obok siebie warzywa i zieleninę. Zalać sosem winegret. Odczekać godzinę i podawać, przybrawszy nasturcją, która jest kwiatem jadalnym.

Frywolne śliweczki
1 porcja – 180 kcal

◇ *40 dag śliwek,* ◇ *3–4 jabłka,* ◇ *1 cytryna,*
◇ *4 łyżki posiekanych orzechów,* ◇ *3 łyżki rodzynek,*
◇ *100 ml soku z pomarańczy,* ◇ *100 ml śmietany kremówki,*
◇ *1 kieliszek rumu,* ◇ *3–4 łyżki cukru pudru,*
◇ *1 op. cukru waniliowego,* ◇ *listki mięty lub melisy*

Rodzynki umyć w ciepłej wodzie, osuszyć, skropić rumem. Śliwki przekroić na połówki, usunąć pestki, pokroić w ćwiartki. Jabłka umyć, przekroić na pół, wyciąć gniazda nasienne. Pół jabłka odłożyć do dekoracji, a pozostałe pokroić w zapałkę. Skropić sokiem wyciśniętym z połowy cytryny, aby nie ściemniały. Śliwki wymieszać z jabłkami. Polać sokiem pomarańczowym, posypać cukrem waniliowym oraz cukrem pudrem i dokładnie wymieszać. Wstawić do lodówki na około 30 minut.

Na brzegu półmiska ułożyć cząstki odłożonego jabłka i plasterki cytryny. Wyłożyć sałatkę na środek półmiska. Posypać skropionymi rumem rodzynkami oraz uprażonymi na suchej patelni posiekanymi orzechami. Wierzch udekorować rozetkami ubitej na krem śmietany oraz listkami melisy lub mięty. Sałatkę można przygotować także ze śliwek z kompotu. Trzeba je tylko dobrze osączyć i ewentualnie zdjąć z nich skórkę.

Niezłomny Arnold
1 porcja – 310 kcal

◇ *1 średni seler korzeniowy,* ◇ *1 świeży ananas,*
◇ *25 dag łagodnego sera żółtego,* ◇ *$^1/_2$ cytryny,*
◇ *1 szkl. majonezu dietetycznego,* ◇ *sól i pieprz do smaku*

Z cytryny wycisnąć sok, ściąć pasek skórki. Seler umyć, obrać i ugotować na półtwardo w wodzie z dodatkiem soli, soku i skórki z cytryny. Ostudzić, pokroić w kostkę. Ananasa przekroić na pół, wydrążyć. Miąższ pokroić w kostkę. Ser pokroić w paseczki, wymieszać z ananasem, selerem i majonezem. Przyprawić solą i pieprzem. Sałatką wypełnić połówki ananasa.

Poezja smaku

1 porcja – 140 kcal

◇ *25 dag małych, twardych i dojrzałych truskawek,*
◇ *25 dag szparagów,* ◇ *5 łyżek gęstego majonezu,* ◇ *sok z 1 cytryny,*
◇ *listki zielonej sałaty do przybrania,* ◇ *sól do smaku*

Ugotować w osolonej wodzie szparagi. Po ochłodzeniu i usunięciu stwardniałych części pokroić je na 4–5-centymetrowe kawałki. Połączyć ostrożnie z truskawkami i majonezem. Skropić sokiem z cytryny i podać na liściach sałaty. Sałatka wybornie smakuje z zimnym drobiem.

Sałatka walentynkowa
1 porcja – 275 kcal

◇ *20 dag ryżu,* ◇ *4 mandarynki,*
◇ *12 dag krewetek w słonej zalewie,*
◇ *1 łyżka octu owocowego,*
◇ *1 łyżka oleju,* ◇ *2 łyżeczki musztardy,*
◇ *¹/₂ sałaty kędzierzawej,* ◇ *2–3 gałązki koperku,*
◇ *sól i świeżo zmielony czarny pieprz do smaku*

Ryż ugotować w osolonej wodzie. Wlać na durszlak, dokładnie osączyć. Przełożyć do miski i wystudzić. Mandarynki obrać ze skórki, usuwając przy tym także białe błonki. Podzielić na cząstki. Krewetki dokładnie osączyć z zalewy. Ocet owocowy dokładnie wymieszać z sokiem z mandarynek, olejem i musztardą. Doprawić solą i pieprzem.

Do wystudzonego ryżu dodać osączone krewetki i cząstki mandarynek, ostrożnie wymieszać. Sałatkę przykryć, wstawić do lodówki, zostawić do przemacerowania. Sałatę oczyścić, włożyć na minutę do letniej wody. Potem liście sałaty umyć pod bieżącą zimną wodą, dokładnie osączyć na sicie i porozrywać na jednakowe kawałki. Gałązki koperku też opłukać, osuszyć i odkroić grube łodyżki. Na talerzach rozłożyć liście sałaty. Sałatkę ryżową wyjąć z lodówki, wymieszać i wyłożyć na liście sałaty. Udekorować koperkiem i podać.

Sałatka Minosa
1 porcja – 120 kcal

◇ *8 pomidorów,* ◇ *2 awokado,* ◇ *25 dag sera mozzarella,* ◇ *oliwa z oliwek,*
◇ *2 ząbki czosnku,* ◇ *sól i świeżo zmielony pieprz do smaku,*
◇ *2 łyżki soku z cytryny,* ◇ *świeża bazylia*

Pomidory opłukać, osuszyć i pokroić w plastry. Awokado obrać, wyjąć
pestkę, pokroić w plastry i skropić sokiem cytrynowym. Na każdym plastrze
kłaść ser, awokado i listek bazylii. Całość przyprawić dresingiem: rozetrzeć
czosnek z solą i pieprzem, wymieszać z oliwą i sokiem cytrynowym.

Surówka dla niecierpliwych
1 porcja – 205 kcal

◇ *2 bulwy fenkułu,* ◇ *2 winne jabłka,* ◇ *sok z ¹/₂ cytryny,*
◇ *¹/₂ szkl. obranych orzechów włoskich,*
◇ *1 łyżka miodu,* ◇ *¹/₂ szkl. śmietany 18%,*
◇ *2 łyżki posiekanych listków fenkułu,*
◇ *¹/₂ łyżeczki nasion kopru włoskiego,*
◇ *sól i pieprz do smaku*

Śmietanę, część soku z cytryny, miód, sól i pieprz wymieszać, schłodzić.
Fenkuł oczyścić, opłukać, pokroić w słupki. Jabłka obrać, zetrzeć na tarce
o dużych oczkach i skropić pozostałym sokiem z cytryny. Połączyć jabłka
i fenkuł z rozdrobnionymi orzechami, listkami fenkułu i nasionami kopru
włoskiego. Surówkę polać sosem, wymieszać.

Siódme niebo
1 porcja – 150 kcal

◇ *4 gruszki,* ◇ *30 dag śliwek,* ◇ *1 jabłko,* ◇ *1 puszka kukurydzy,*
◇ *1 średnia marchewka,* ◇ *¹/₂ pęczka natki pietruszki,*
◇ *¹/₂ szkl. sosu winegret,* ◇ *sól i pieprz do smaku,* ◇ *miód*

Gruszki umyć, usunąć gniazda nasienne i pokroić w ósemki. Wydrylować śliwki i pokroić wzdłuż na ćwiartki. Odsączyć kukurydzę, obraną marchewkę zetrzeć na tarce z dużymi otworami. Posiekać drobno natkę pietruszki. Obrać jabłko i usunąć gniazda nasienne, a następnie pokroić w kostkę. Połączyć wszystkie składniki i wymieszać z sosem winegret. Doprawić do smaku solą, pieprzem i odrobiną miodu.

Sałatka chrupiąca
1 porcja – 210 kcal

◇ *6 łodyg selera naciowego,* ◇ *1 duże jabłko,*
◇ *1 kiwi,* ◇ *3 połówki brzoskwiń z puszki,*
◇ *4 łyżki posiekanych orzechów włoskich,*
◇ *20 dag gęstego jogurtu naturalnego,* ◇ *1 łyżeczka skórki otartej z cytryny,*
◇ *2 łyżki soku z cytryny,* ◇ *1 łyżeczka tartego chrzanu (ze słoika),*
◇ *cukier,* ◇ *sól i pieprz do smaku*

Łodygi selera naciowego umyć, osuszyć, listki odciąć i odłożyć do dekoracji. Łodygi oczyścić z twardych włókien i pokroić w plasterki. Jabłko umyć, obrać, przekroić na ćwiartki, usunąć pestki i pokroić w cienkie plasterki. Obrane kiwi oraz osączone z zalewy połówki brzoskwiń pokroić na cząstki. Rozdrobniony seler naciowy włożyć do miski razem z przygotowanymi owocami. Wymieszać. Jogurt ubić z sokiem cytrynowym i skórką otartą z cytryny. Sos doprawić do smaku chrzanem, cukrem, solą i pieprzem. Sałatkę polać sosem, wymieszać. Orzechy uprażyć na suchej patelni, ostudzić i posypać nimi sałatkę. Udekorować ją listkami selera naciowego.

Preludium
1 porcja – 370 kcal

◇ *2 kolby czerwonej cykorii,* ◇ *15 dag sera pleśniowego, np. rokpola,*
◇ *¹/₂ szkl. gęstej śmietany,*
◇ *garść wyłuskanych orzechów włoskich,* ◇ *8 łyżek cukru*

Cykorię umyć, osuszyć, rozłożyć liście. Ser rozgnieść widelcem, wymieszać ze śmietaną i łyżeczką rozłożyć na liściach cykorii. Cukier podgrzać na patelni z małą ilością wody. Gdy karmel zacznie brązowieć, wrzucić orzechy, wymieszać dokładnie i wyłożyć na posmarowaną oliwą blachę, by obeschły. Schłodzone orzechy ułożyć na liściach cykorii. Wierzch sałatki udekorować nitkami karmelu.

Sałatka nicejska
1 porcja – 350 kcal

◇ *1 główka sałaty,* ◇ *1 ogórek,* ◇ *20 dag tuńczyka z puszki,*
◇ *2 jajka ugotowane na twardo,* ◇ *4 pomidory,*
◇ *6 filecików anchois z puszki,* ◇ *4 łyżki czarnych oliwek,* ◇ *1 cebula,*
◇ *1 łyżka octu winnego,* ◇ *4 łyżki oliwy,*
◇ *sól i świeżo zmielony pieprz do smaku,* ◇ *zioła prowansalskie*

Cebulę obrać, pokroić w cienkie talarki, ogórek w plasterki, a pomidory w ósemki. Tuńczyka osączyć z zalewy, podzielić na kawałki. Na półmisku rozłożyć liście sałaty. Na wierzchu ułożyć rozdrobnione warzywa oraz kawałki tuńczyka. Ocet winny wymieszać z oliwą, solą, pieprzem i ziołami. Sosem skropić sałatkę i delikatnie wymieszać. Udekorować cząstkami jajek, filecikami anchois oraz oliwkami. Odstawić w chłodne miejsce na pół godziny.

Czara Rethymno
1 porcja – 210 kcal

◇ *2 kolby cykorii,* ◇ *miska liści sałaty (najlepiej 2 lub 3 rodzaje),*
◇ *¹/₂ małego selera,* ◇ *sok z ¹/₂ cytryny,*
◇ *1 cebula,* ◇ *20 dag boczniaków,*
◇ *2 łyżki zwykłej oliwy,* ◇ *¹/₂ filiżanki oliwy anyżowo-cytrynowej,*
◇ *sól i pieprz do smaku*

Cykorię i sałatę opłukać i osuszyć. Z cykorii wyciąć gorzki głąb, liście pokroić. Liście sałat porwać na kawałki. Selera obrać i zetrzeć na tarce o dużych oczkach. Skropić sokiem z cytryny, aby nie ściemniał. Cebulę obrać i posiekać. Boczniaki przekroić wzdłuż i podsmażyć na oliwie. Połączyć wszystkie składniki, przyprawić do smaku solą i pieprzem. Polać oliwą anyżowo-cytrynową.

Pożądanie
1 porcja – 160 kcal

◇ *2 banany,* ◇ *sok z 1 cytryny,* ◇ *4 plastry ananasa,*
◇ *2 owoce mango,* ◇ *2 owoce kiwi,*
◇ *20 dag twarożku w granulkach,* ◇ *4 łyżki miodu,*
◇ *6 łyżek kiełków pszenicy,* ◇ *6 łyżek kiełków słonecznika,*
◇ *4 łyżki kiełków lucerny*

Banany obrać i pokroić w kostkę. Skropić sokiem z cytryny, by nie czerniały. Pokroić w kostkę także ananasa oraz mango i kiwi po obraniu ze skórki. Wszystkie owoce wymieszać w salaterce z twarożkiem, doprawić miodem. Kiełki po przepłukaniu osączyć i ułożyć na owocach. Sałatkę przed podaniem schłodzić w lodówce.

Sałatka uwodzicielki
1 porcja – 282 kcal

◇ *1 duży seler,* ◇ *3–4 brzoskwinie (mogą być z puszki),*
◇ *¹/₂ szkl. majonezu dietetycznego,*
◇ *5 dag rodzynek,* ◇ *sok z cytryny,*
◇ *sól i ew. niewielka ilość cukru do smaku*

Rodzynki sparzyć. Seler obrać, umyć, zetrzeć na tarce o dużych oczkach, skropić sokiem z cytryny. Brzoskwinie pokroić w drobną kostkę, wymieszać z selerem, rodzynkami i majonezem. Sałatkę przyprawić odrobiną soli i ewentualnie cukru. Przed podaniem schłodzić w lodówce.

Brokułowy zawrót głowy
1 porcja – 240 kcal

◊ 50 dag brokułów (mogą być mrożone),
◊ ½ puszki kukurydzy, ◊ 2 jajka ugotowane na twardo,
◊ 2 pomidory, ◊ 1 cebula,
◊ kilka liści sałaty, ◊ mały słoik majonezu dietetycznego,
◊ sól i pieprz do smaku

Brokuły umyć, blanszować, podzielić na małe różyczki. Jajka pokroić na ósemki, pomidory na kawałki. Obraną cebulę pokroić w cieniutkie piórka. Kukurydzę osączyć na sitku. Na liściach sałaty ułożyć pomidory, cebulę, jajka i brokuły. Posypać kukurydzą. Doprawić do smaku solą i świeżo zmielonym pieprzem. Polać sałatkę majonezem.

Krewetkowy przysmak wegetariański
1 porcja – 190 kcal

◊ 20 dag pieczarek, ◊ 2 dymki, ◊ 10 dag mrożonych krewetek,
◊ 4 małe pomidory, ◊ kilka liści sałaty, ◊ sok z 1 cytryny,
◊ 1 szkl. majonezu dietetycznego,
◊ ¼ szkl. oliwy, ◊ ¼ szkl. octu winnego,
◊ 1 łyżeczka cukru pudru,
◊ 1 płaska łyżeczka mielonej papryki,
◊ ¼ łyżeczki soli, ◊ 1 ząbek czosnku

Majonez wymieszać z oliwą, przełożyć do słoika. Dodać ocet, cukier puder, mieloną paprykę oraz zmiażdżony i roztarty z solą czosnek. Wszystko razem starannie wymieszać. Sos schłodzić.

Pieczarki obrać, pokroić w cienkie plasterki, skropić sokiem z cytryny. Dymki oczyścić i posiekać. Pomidory pokroić na ósemki. Krewetki sparzyć wrzątkiem i osączyć. Na umytych i osuszonych liściach sałaty ułożyć pieczarki. Na nich rozsypać krewetki. Całość obficie polać schłodzonym sosem. Na koniec sałatkę posypać dymką i udekorować ósemkami pomidorów.

Złocisty przysmak z sosem jabłkowym
1 porcja – 140 kcal

◇ 4 żółte pomidory, ◇ 1 pomarańczowa papryka,
◇ 10 dag różyczek brokułów, ◇ 1 cienki por sałatkowy,
◇ 4 łyżki marynowanych oliwek bez pestek, ◇ 4 łyżki oliwy,
◇ 3 łyżki jabłkowego octu winnego, ◇ 1 łyżeczka płynnego miodu,
◇ 3 łyżki soku jabłkowego, ◇ 1 łyżka posiekanego koperku,
◇ szczypta zmielonych nasion kopru włoskiego, ◇ sól i pieprz do smaku

Por oczyścić z zewnętrznych liści, opłukać, pokroić w grubsze talarki, przelać na sicie wrzątkiem, a następnie zimną wodą. Dokładnie osączyć. Różyczki brokułów blanszować 3 minuty w lekko osolonym wrzątku, przelać zimną wodą, osączyć. Paprykę oczyścić z nasion, pokroić w paseczki. Pomidory umyć, osuszyć, wykroić nasady ogonków i pokroić na cząstki. Oliwki osączyć z zalewy, przekroić na połówki. Składniki przełożyć do salaterki i wymieszać. Oliwę ubić z octem i sokiem jabłkowym, miodem, koperkiem oraz szczyptą soli, pieprzu i nasion kopru. Sałatkę polać sosem, lekko wymieszać i odstawić pod przykryciem na 20 minut, aby smaki się połączyły.

Wigor
1 porcja – 220 kcal

◇ 1 udo wędzonego kurczaka (ok. 25 dag),
◇ 1 puszka ananasa w kawałkach, ◇ 1 słoik szparagów,
◇ ³/₁ szkl. majonezu dietetycznego,
◇ 2 garście łuskanych orzechów włoskich,
◇ sól i pieprz do smaku

Mięso kurczaka oddzielić od kości, pokroić w kostkę. Szparagi osączyć z zalewy, pokroić na kawałki. Orzechy pokruszyć. Majonez przyprawić solą i pieprzem. W misce wymieszać mięso, szparagi, osączonego ananasa i orzechy. Sałatkę zalać sosem, delikatnie wymieszać. Przed podaniem schłodzić ją w lodówce.

Podarunek Wenus

1 porcja – 180 kcal

◇ 10 dag roszponki, ◇ 1 dojrzała gruszka, ◇ 10 dag rokpola,
◇ 1 łyżka posiekanych orzechów włoskich lub migdałów,
◇ ½ łyżki octu winnego, ◇ 1 mały fenkuł,
◇ 1 dymka, ◇ 4 łyżki śmietany, ◇ sok z ½ pomarańczy,
◇ 1 łyżka soku z cytryny, ◇ sól i pieprz do smaku,
◇ 1 łyżeczka posiekanego koperku

Sałatę umyć, osuszyć i rozdrobnić. Gruszkę umyć, pokroić w plasterki. Obraną dymkę i fenkuł pokroić w krążki. Zmiksować śmietanę, sok pomarańczowy, cytrynowy, ocet winny i przyprawy. Sosem polać surówkę. Udekorować kawałkami sera i orzechami. Posypać koperkiem.

Surówka dla zakochanych

1 porcja – 90 kcal

◇ 4 średniej wielkości twarde pomidory,
◇ 1 dojrzałe mango, ◇ 1 cebulka dymka,
◇ sól i świeżo zmielony biały pieprz do smaku,
◇ korzeń imbiru (około 1 cm), ◇ sos sambal oelek

Pomidory, mango i dymkę starannie umyć i oczyścić. Pomidory pokroić w plastry i ułożyć na półmisku. Mango obrać i pokroić w drobniutką kosteczkę. Ponieważ pestkę jest bardzo trudno usunąć, należy ją dokładnie wykroić. Dymkę pokroić w kostkę, a szczypior posiekać. Pomidory obsypać pokrojonym mango i dymką.

Korzeń imbiru obrać i zetrzeć na tarce. Jeśli używamy mielonego imbiru, do sałatki wystarczy szczypta tej przyprawy. Posypać surówkę imbirem, przyprawić do smaku solą i pieprzem. Surówkę należy przed podaniem na godzinę wstawić do lodówki, aby puściła sok i aby imbir się „przegryzł". Podawać od razu po wyjęciu z lodówki. Smak surówki zaostrzy sos sambal oelek. To przyprawa sporządzona z oliwy, różnych rodzajów ostrych papryk i pieprzu tureckiego. Należy jej więc używać ostrożnie.

Sałatka „Apollo"
1 porcja – 342 kcal

◇ *2 patisony,* ◇ *2 jajka,* ◇ *1 pęczek rzodkiewek,*
◇ *6 orzechów włoskich,* ◇ *½ słoiczka majonezu dietetycznego,*
◇ *3 łyżki śmietany,* ◇ *sól i pieprz do smaku,*
◇ *szczypta cukru,* ◇ *2 łyżki startego chrzanu*

Patisony umyć, obrać, opłukać, pokroić w kostkę, zalać wrzącą, posoloną wodą z dodatkiem cukru, ugotować, odcedzić, poczekać aż wystygną. Jajka ugotować na twardo, ostudzić w zimnej wodzie, obrać ze skorupek, posiekać, dodać do patisonów razem ze sparzonymi, obranymi ze skórki orzechami. Rzodkiewki oczyścić, pokroić w plasterki i połączyć z patisonami. Składniki wymieszać z majonezem, śmietaną i chrzanem. Doprawić do smaku solą i pieprzem.

Sałatka pobudzająca wyobraźnię i nie tylko
1 porcja – 250 kcal

◇ *30 dag ugotowanych i obranych krewetek,*
◇ *½ kolby ugotowanej młodej kukurydzy,* ◇ *½ szkl. ugotowanej fasoli,*
◇ *4 pomidorki koktajlowe,* ◇ *½ awokado,* ◇ *½ czerwonej cebuli,*
◇ *1 łyżka posiekanych listków kolendry,*
ewentualnie natki pietruszki i lubczyku, ◇ *1 papryczka chili,*
◇ *30 ml soku z limonki,* ◇ *1 łyżeczka uprażonych nasion kminu,*
◇ *½ posiekanej papryczki chili,* ◇ *40 ml oliwy,* ◇ *sól*

Pokroić na cząstki obrane awokado, cebulę w piórka, kolbę kukurydzy w plastry, pomidorki koktajlowe przekroić na połówki. Włożyć do dużej salaterki, dodać krewetki oraz fasolę i wymieszać. Papryczkę chili oczyścić i drobno posiekać. Sałatkę posypać posiekaną papryczką oraz kolendrą lub natką i lubczykiem. Do małego słoika wlać oliwę, sok z limonki, dodać połówkę posiekanej papryczki chili i dokładnie wymieszać. Sos doprawić solą i polać sałatkę. Przed podaniem wierzch posypać uprażonym kminem.

Sekret sycylijski
1 porcja – 220 kcal

◇ *1 główka sałaty,* ◇ *1 fenkuł,* ◇ *2 pomidory,*
◇ *3 łodygi selera naciowego,* ◇ *1 czerwona cebula,*
◇ *1 puszka tuńczyka w sosie własnym,* ◇ *4 fileciki anchois,*
◇ *5 dag czarnych oliwek,* ◇ *2 jajka na twardo,*
◇ *2 łyżki octu winnego,* ◇ *4 łyżki oliwy,*
◇ *pieprz i sól do smaku,* ◇ *oregano*

Opłukaną i osuszoną sałatę porozrywać na kawałki. Pomidory, fenkuł, seler naciowy oraz cebulę oczyścić, opłukać i osuszyć, a następnie pokroić. Tuńczyka odsączyć z zalewy i rozdrobnić, fleciki anchois pokroić. Dodać oliwki oraz pokrojone jajka, wymieszać delikatnie wszystkie składniki sałatki. Z octu, oliwy i przypraw przyrządzić sos, polać nim sałatkę.

Sałatka dla koneserów
1 porcja – 220 kcal

◇ *1 mała główka sałaty lodowej,*
◇ *1 op. mrożonych obgotowanych owoców morza (30 dag),*
◇ *1 op. paluszków krabowych,* ◇ *1 pomidor,* ◇ *1 ogórek,*
◇ *1 czerwona papryka,* ◇ *kilka gałązek świeżej natki,*
◇ *3 łyżki oleju,* ◇ *1 łyżka octu winnego lub jabłkowego,*
◇ *po ¹/₂ łyżeczki kminu rzymskiego i oregano,*
◇ *sól, ¹/₄ łyżeczki świeżo zmielonego pieprzu*

Wymieszać składniki sosu, jeśli trzeba, doprawić do smaku, schłodzić w lodówce. Rozmrożone paluszki pokroić w 1-centymetrowe kawałeczki, mrożone owoce morza polać wrzątkiem. Paprykę oczyścić, pokroić w cieniutkie paseczki, pomidor na ćwiartki, a ogórek w plastry.
Liście sałaty umyć, osuszyć, rozłożyć na półmisku. Na sałacie ułożyć owoce morza, dekoracyjne porozkładać paski papryki, plastry ogórka, paluszki krabowe i cząstki pomidora. Następnie wszystko polać sosem i przybrać listkami natki.

Sałatka „Zielono mi"

1 porcja – 225 kcal

◇ *50 dag białych szparagów,* ◇ *75 dag zielonych szparagów,*
◇ *4 pomidory,* ◇ *2 łyżki octu z białego wina,*
◇ *świeżo zmielony czarny pieprz,* ◇ *sól,*
◇ *szczypta cukru,* ◇ *4 łyżki oliwy,*
◇ *13 dag mozzarelli,*
◇ *kilka listków trybuli do dekoracji*

Szparagi opłukać, białe obrać na 1/3 długości, licząc od dołu. Zdrewniałe końce odkroić. Szparagi pokroić ukośnie na kawałki. Każdy rodzaj ugotować osobno w osolonej wodzie: białe szparagi gotować 15–20 minut, a zielone około 10 minut. Wyjąć, przelać zimną wodą i dokładnie osączyć.
Pomidory naciąć, włożyć na minutę do wrzącej wody. Wyjąć, przelać zimną wodą, obrać ze skórki, przekroić, po usunięciu pestek pokroić w kostkę. Ocet wymieszać z solą, pieprzem i cukrem, a na końcu z oliwą. Mozzarellę osączyć z zalewy i pokroić w plastry. Białe i zielone szparagi ładnie ułożyć na półmisku, posypać kostkami pomidorów, dodać plastry mozzarelli, polać sosem winegret. Sałatkę udekorować listkami trybuli.

Mocno zmieszani

1 porcja – 130 kcal

◇ *1 duży ogórek,* ◇ *1 duży jogurt naturalny,*
◇ *1 garść świeżych ziół: mięty, kolendry,*
◇ *3 ząbki czosnku,* ◇ *1 łyżka oliwy,*
◇ *sól i świeżo zmielony pieprz do smaku*

Ogórek zetrzeć na tarce o dużych oczkach, lekko posolić. Zioła opłukać, osuszyć i drobno pokroić. Czosnek obrać i przecisnąć przez praskę. Do jogurtu dodać zioła, ogórek i czosnek, doprawić solą i pieprzem. Dolać oliwę i dokładnie wymieszać. Schłodzić w lodówce. Sałatka świetnie pasuje do dań z drobiu, dziczyzny lub jagnięciny.

Owocowy szał
1 porcja – 120 kcal

◇ *1 puszka mandarynek w zalewie,* ◇ *2 jabłka,*
◇ *1 pomarańcza,* ◇ *1 grejpfrut,* ◇ *2 soczyste gruszki,* ◇ *kiść winogron,*
◇ *¹/₂ łyżeczki cynamonu,* ◇ *¹/₂ łyżeczki imbiru,*
◇ *¹/₂ łyżeczki zmiażdżonych goździków,* ◇ *3 łyżki brandy,*
◇ *3 łyżki soku z cytryny*

Owoce pokroić, wymieszać, mandarynki odsączyć z zalewy. Na jej bazie przygotować sos, dodając do niego sok z cytryny oraz przyprawy. Polać sosem owoce. Przed podaniem sałatkę schłodzić w lodówce.

Łuk Erosa
1 porcja – 155 kcal

◇ *1 bulwa fenkułu,* ◇ *kapusta pekińska (około 35 dag),*
◇ *sok z 1 cytryny,* ◇ *10 dag kiełków fasoli mung,* ◇ *5 dag pestek dyni,*
◇ *1–2 łyżki jogurtu naturalnego,* ◇ *2–3 łyżki majonezu dietetycznego,*
◇ *sól i pieprz do smaku,* ◇ *szczypta cukru,*
◇ *1 łyżka posiekanych listków kopru*

Fenkuł oczyścić, opłukać, przekroić na pół, pokroić w plasterki i skropić sokiem z cytryny. Kapustę pekińską opłukać, osuszyć i poszatkować. Następnie połączyć z fenkułem i kiełkami. Polać sosem sporządzonym z jogurtu naturalnego, majonezu, soli, odrobiny cukru i pieprzu. Schłodzić. Posypać uprażonymi na suchej patelni pestkami dyni i listkami kopru.

Kiełkująca witalność
1 porcja – 150 kcal

◇ *20 dag mieszanki różnych kiełków (np. rzodkiewki, lucerny,*
fasoli mung, ciecierzycy), ◇ *3 łyżki pestek słonecznika,*
◇ *3 łyżki ziaren sezamu,* ◇ *1 łyżka sosu sojowego,*

◇ *3 łyżki oleju z pestek winogron lub sojowego.*
◇ *sok z ¹/₂ cytryny lub delikatny ocet winny,*
◇ *imbir (najlepiej w kawałku).* ◇ *1 łyżka posiekanego koperku,*
◇ *sól i pieprz do smaku*

Kiełki opłukać i dobrze osączyć. Ziarna sezamu i pestki słonecznika uprażyć na suchej patelni, aż się zrumienią. Wystudzić je i wymieszać z kiełkami w salaterce. Przygotować sos z oleju i sosu sojowego, doprawić go świeżo startym imbirem, sokiem z cytryny, solą i pieprzem. Przed podaniem posypać sałatkę posiekanym koperkiem.

Sałatka magiczna z imbirem
1 porcja – 150 kcal

◇ *25 dag paluszków krabowych,* ◇ *4 plastry melona (ewentualnie arbuza),*
◇ *2 dymki,* ◇ *2 ząbki czosnku,* ◇ *2 plasterki limonki,*
◇ *50 ml soku z limonki,* ◇ *2 łyżki posiekanej mięty,*
◇ *2 łyżki posiekanej kolendry,* ◇ *1 łyżeczka startego imbiru,*
◇ *kilka plastrów marynowanego imbiru,*
◇ *1 łyżka wiórków kokosowych,* ◇ *4 łyżeczki oliwy*

Połączyć w miseczce sok z limonki, starty imbir, posiekaną dymkę, zmiażdżony czosnek i oliwę. Wymieszać sos. Paluszki krabowe pokroić w plastry, melon w grubą zapałkę, a marynowany imbir w drobne paseczki. Wymieszać składniki sałatki w salaterce, przybrać miętą, kolendrą, plasterkami limonki i wiórkami kokosowymi. Skropić przygotowanym sosem.

Obsesja
1 porcja – 150 kcal

◇ *1 seler naciowy,* ◇ *1 główka sałaty radicchio,*
◇ *pęczek dymki ze szczypiorem,* ◇ *2 gruszki,* ◇ *1 papryczka chili,*
◇ *2 łyżki octu winnego,* ◇ *4 łyżki oliwy,* ◇ *sól i pieprz do smaku,*
◇ *1 łyżeczka posiekanych listków lubczyku*

Seler naciowy umyć i pokroić w plasterki. Sałatę umyć, osuszyć, rozdrobnić. Umytą dymkę pokroić w krążki (razem ze szczypiorkiem). Gruszki obrać, pokroić w plasterki. Wymieszać składniki. Chili pokroić w drobną kostkę. W rondelku rozgrzać oliwę z octem, wymieszać z pokrojonym chili, doprawić do smaku solą i pieprzem. Sałatkę polać sosem. Posypać posiekanymi listkami lubczyku.

Sałatka z serowym dipem
1 porcja – 372 kcal

◇ 2 średniej wielkości selery korzeniowe,
◇ 20 dag ananasa (świeżego lub z puszki),
◇ 10 dag sera rokpol, ◇ ¹/₂ szkl. majonezu dietetycznego,
◇ ³/₄ szkl. wyłuskanych orzechów włoskich,
◇ kilka listków sałaty, ◇ sok z ¹/₂ cytryny,
◇ sól i biały pieprz do smaku

Obrane selery zetrzeć na tarce o grubych oczkach. Skropić sokiem z cytryny. Wymieszać z pokrojonym w kostkę ananasem. Doprawić solą i pieprzem do smaku. Rokpol rozetrzeć z majonezem. Sosem polać sałatkę. Posypać orzechami. Wymieszać. Sałatkę wyłożyć na umyte i osuszone liście sałaty.

Owocowy most do raju
1 porcja – 160 kcal

◇ 4 awokado, ◇ 1 różowy grejpfrut,
◇ 3 plasterki ananasa z puszki, ◇ 2 banany,
◇ ¹/₂ szkl. rozdrobnionych orzechów włoskich,
◇ 1 duże jabłko, ◇ ¹/₂ szkl. sosu winegret,
◇ 1 łyżeczka miodu, ◇ 1 łyżka soku z cytryny

Obrane owoce awokado pokroić w plasterki i od razu skropić sokiem z cytryny. Grejpfruta starannie obrać i podzielić na mniejsze kawałeczki. Plastry ananasa osączyć i pokroić na ćwiartki. Banany obrać i pokroić w plasterki. Jabłko obrać i pokroić w plasterki. Połączyć wszystkie składniki i polać sosem winegret. Doprawić miodem.

Sałatka amanta

1 porcja – 110 kcal

◇ 10 dag endywii, ◇ 5 dag roszponki,
◇ 4 średnie pomidory, ◇ 2 pęczki rzodkiewki,
◇ 1 szkl. kefiru lub jogurtu naturalnego,
◇ sok z 1 cytryny, ◇ 1 fenkuł, ◇ 1 średnia cebula,
◇ sól i pieprz do smaku, ◇ koperek

Sałatę umyć, osączyć i porwać na kawałki. Pomidory i rzodkiewki umyć, osuszyć i pokroić w plastry. Fenkuł oczyścić, opłukać i pokroić w ósemki. Przygotowane składniki wymieszać w salaterce. Cebulę obrać i posiekać. Do kefiru lub jogurtu dodać sok cytrynowy, posiekaną cebulę, sól i pieprz. Surówkę polać sosem, posypać koperkiem.

Sałatka „Waldorf"

1 porcja – 160 kcal

◇ 3 słodko-kwaśne jabłka,
◇ 1 seler korzeniowy średniej wielkości,
◇ 10 wyluskanych orzechów włoskich,
◇ 2 łyżki soku z cytryny, ◇ ½ szkl. majonezu dietetycznego,
◇ szczypta cukru, ◇ sól i świeżo zmielony pieprz do smaku,
◇ kilka kwiatów stokrotek

Jabłka obrać, pokroić w sporej wielkości kostkę i polać łyżką soku z cytryny. Seler obrać, zblanszować, ostudzić, pokroić w słupki i skropić resztą soku. Orzechy grubo posiekać. Rozdrobnione składniki wymieszać z majonezem, doprawić do smaku solą, cukrem i pieprzem. Posypać kwiatami stokrotek.

Sałatka Don Juana
1 porcja – 190 kcal

◇ *50 dag mrożonej mieszanki obgotowanych owoców morza,*
◇ *po 8–10 zielonych i czarnych oliwek bez pestek,*
◇ *1 czerwona cebula, ◇ 3 pomidory, ◇ 2 łodygi selera naciowego,*
◇ *10 kolb konserwowej kukurydzy miniaturowej, ◇ ¹/₄ szkl. oliwy z oliwek,*
◇ *1 łyżeczka musztardy, ◇ 1 łyżeczka keczupu, ◇ sok z 1 cytryny,*
◇ *natka pietruszki, ◇ ¹/₂ łyżeczki białej gorczycy, ◇ sól do smaku*

Oliwę wlać do słoiczka, dodać sok z cytryny, musztardę, białą gorczycę, keczup i sól. Zakręcić słoik i potrząsać nim, aż składniki się połączą. Owoce morza rozmrozić na parze i polać sosem. Kukurydzę osączyć z zalewy, pomidory pokroić w ósemki, cebulę obrać i pokroić w piórka, a opłukany i osuszony seler naciowy w cieniutkie plasterki. Wymieszać z owocami morza i oliwkami. Ułożyć sałatkę w salaterce, udekorować natką pietruszki i schładzać przed podaniem pół godziny lodówce.

Figlarne awokado
1 porcja – 420 kcal

◇ *10 dag krewetek (mrożonych lub z zalewy), ◇ 2 awokado,*
◇ *1 mały banan, ◇ 30 dag gotowanego mięsa drobiowego*
(bez kości i skóry), ◇ 1 sałata, ◇ 4 łyżki majonezu dietetycznego,
◇ *1 łyżka śmietany, ◇ 2 łyżeczki soku cytrynowego,*
◇ *słodka mielona papryka, ◇ sól i pieprz do smaku, ◇ szczypta cukru*

Krewetki rozmrozić, jeżeli są z zalewy – opłukać pod bieżącą wodą i osuszyć. Owoce awokado umyć, osuszyć, przekroić wzdłuż na pół, wyjąć pestki. Łyżeczką wyjąć miąższ z połówek awokado, pokroić w kostkę, dodać krewetki, pokrojony w plasterki banan i skropić sokiem z cytryny. Mięso pokroić na małe kawałki. Liście sałaty pokroić w paseczki. Majonez ubić ze śmietaną, przyprawić do smaku. Sos wymieszać z miąższem awokado, bananem, mięsem i paseczkami sałaty. Napełnić sałatką połówki awokado. Przed podaniem schłodzić w lodówce.

Sałatka aromatyczna
1 porcja – 330 kcal

◇ 1 średniej wielkości seler, ◇ 1 łyżka soku z cytryny,
◇ 60 dag ananasa z puszki, ◇ 15 dag łuskanej namoczonej pszenicy,
◇ 15 dag sera gouda, ◇ 1 łyżka solonych orzeszków ziemnych,
◇ 1 szkl. jogurtu naturalnego, ◇ 1 łyżka białego octu balsamicznego,
◇ 1 łyżeczka cukru, ◇ 1 łyżeczka przyprawy curry,
◇ sól i pieprz do smaku, ◇ listki sałaty i świeża bazylia do ozdoby

Seler obrać, umyć i pokroić w małą kostkę. W garnku zagotować 500 ml osolonej wody. Dodać sok z cytryny i seler. Warzywo gotować na średnim ogniu około 10 minut. Dokładnie odcedzić i wystudzić. Ananas dokładnie odcedzić, sok zachować. Owoc drobno pokroić. Pszenicę ugotować w wodzie do miękkości, odcedzić, wystudzić. Goudę pokroić w małą kostkę. Orzeszki grubo utłuc w moździerzu. Seler włożyć do miski. Dodać pszenicę, kostki sera, kawałki ananasa i rozdrobnione orzeszki. Składniki dokładnie wymieszać. Jogurt wymieszać z 2 łyżkami soku ananasowego na kremową masę. Doprawić do smaku solą, świeżo zmielonym pieprzem, cukrem i curry. Sosem polać sałatkę selerową, wymieszać. Sałatkę udekorować świeżą bazylią i listkami sałaty (ze środka główki). Odstawić w chłodne miejsce na godzinę.

Ekstaza
1 porcja – 390 kcal

◇ 1 awokado, ◇ 4 połówki moreli z puszki, ◇ kilka listków sałat:
lollo bionda i lollo rossa, ◇ 15 dag jogurtu naturalnego, ◇ sok z 1 cytryny,
◇ 2 łyżki pestek słonecznika, ◇ 1 łyżka oleju słonecznikowego,
◇ niewielka ilość cukru, ◇ sól i pieprz do smaku, ◇ listki kolendry

Awokado obrać, usunąć pestkę. Miąższ owoców pokroić w kostkę. Sałatę umyć, osuszyć i porwać na kawałki. Pestki zrumienić na suchej patelni. Jogurt utrzeć z olejem, doprawić sokiem z cytryny, solą, cukrem i pieprzem. Sałatkę polać sosem, posypać pestkami słonecznika i listkami kolendry.

Sałatka jesienna
1 porcja – 360 kcal

◇ 5 dag czerwonej soczewicy, ◇ 1 cebula, ◇ 4 łyżki oleju,
◇ 200 ml bulionu warzywnego,
◇ 1 główka sałaty strzępiastej lub lodowej, ◇ 1 cykoria,
◇ 20 dag pomidorków koktajlowych, ◇ 15-20 dag sera pleśniowego,
◇ 4 łyżki octu winnego, ◇ sól i pieprz do smaku

Cebulę obrać, posiekać. W małym garnuszku mocno rozgrzać 2 łyżki oleju i poddusić na nim cebulę. Dodać soczewicę, chwilę smażyć, zalać bulionem. Zagotować, przykryć i na małym ogniu gotować 12–15 minut. W tym czasie oczyścić sałatę, opłukać ją i osuszyć. Porwać na małe kawałki. Oczyścić cykorię, odłożyć 8 liści, a resztę pokroić w paseczki. Pomidorki pokroić na połówki, a ser w kosteczkę. Całe liście cykorii ułożyć w salaterce. Sałatę wymieszać z pomidorkami i resztą cykorii. Wyłożyć na liście cykorii i posypać serem pleśniowym. Ocet wymieszać z resztą oleju, dodać do odcedzonej soczewicy. Przyprawić do smaku solą i pieprzem. Ułożyć na sałatce. Od razu podawać.

Jabłka miłości z mozzarellą
1 porcja – 120 kcal

◇ 16 plasterków mozzarelli, ◇ 4 duże pomidory, ◇ 16 listków bazylii,
◇ ½ szkl. oliwy extra virgine (zielonej), ◇ sok z 1 cytryny,
◇ 1 łyżka drobno posiekanych liści bazylii, ◇ sól,
◇ świeżo zmielony pieprz, ◇ odrobina suszonej chili,
◇ do dekoracji liście sałaty, ◇ czarne oliwki

Wymieszać dokładnie oliwę i sok z cytryny, dodać posiekaną bazylię, sól, pieprz i chili. Sosem polać rozłożoną na talerzu mozzarellę. Włożyć na godzinę do lodówki. Pomidory umyć i osuszyć. Każdego podzielić na 4 plastry, nie krojąc ich do końca. Pomiędzy plastry pomidora włożyć nasączony sosem ser mozzarella. „Jabłka miłości" ułożyć na liściach sałaty, przybrać czarnymi oliwkami.

Przekąska ze szczyptą miłości
1 porcja – 120 kcal

◇ *1 awokado,* ◇ *sok z ¹/₂ cytryny,* ◇ *2 łyżki śmietany,*
◇ *2 łyżki sosu chrzanowego (lub 1 łyżka chrzanu),* ◇ *sól,* ◇ *pieprz,*
◇ *szczypta cukru,* ◇ *do dekoracji czarny lub czerwony kawior,*
◇ *listki natki pietruszki,* ◇ *plasterki cytryny*

Awokado przekroić na pół i usunąć pestkę. Łyżeczką wydrążyć miąższ i przełożyć go do miseczki. Szybko skropić sokiem z cytryny, aby awokado nie ściemniało. Zmiksować miąższ ze śmietaną i sosem chrzanowym. Farsz doprawić do smaku solą, pieprzem i szczyptą cukru. Farszem napełnić połówki awokado. Udekorować kawiorem, listkami natki pietruszki i plasterkami cytryny.

Miąższ awokado można także zmiksować z sokiem z połowy cytryny, 20 dag twarożku oraz 3 ząbkami czosnku. Farszem doprawionym solą i białym pieprzem, napełnić połówki awokado. Na wierzchu ułożyć kilka krewetek z zalewy, kawałeczki wędzonego łososia lub marynowanej papryki.

Gruszkowa fantazja
1 porcja – 250 kcal

◇ *4 gruszki,* ◇ *10 dag wyłuskanych orzechów włoskich,*
◇ *5 łyżek masła,* ◇ *10 dag sera pleśniowego (typu rokpol),*
◇ *świeżo wyciśnięty sok z połowy cytryny,*
◇ *kilka listków natki pietruszki do dekoracji*

Odłożyć do dekoracji 8 połówek orzechów włoskich, pozostałe drobno posiekać. Ser pleśniowy rozgnieść widelcem. Odłożyć łyżkę masła, resztę utrzeć z serem i posiekanymi orzechami. Gruszki przekroić wzdłuż na pół, usunąć gniazda nasienne. Skropić sokiem z cytryny, aby nie ściemniały. Posmarować masłem 8 kawałków folii aluminiowej. Do wydrążonych gruszek nałożyć po pół łyżeczki masy serowo-maślanej. Owoce ułożyć na folii aluminiowej, folię zawinąć, ułożyć na rozgrzanym ruszcie, piec 5 minut. Następnie zdjąć gruszki z grilla, odwinąć folię i nałożyć resztę masy serowej. Gotowe gruszki udekorować połówkami orzechów i listkami natki.

Grzeszny kąsek
1 porcja – 283 kcal

◇ *1 opakowanie sera camembert,* ◇ *250 ml jasnego piwa,*
◇ *25 dag mąki pszennej,* ◇ *3 białka z jajek,* ◇ *3 łyżki oleju,*
◇ *sól i pieprz do smaku,* ◇ *konfitury*

Piwo, mąkę, białka, pieprz i sól wymieszać mikserem, pilnując, by ciasto nie było zbyt rzadkie. Maczać kawałki sera w cieście i smażyć na głębokim tłuszczu. Grzeszne kąski podawać z konfiturami.

Potrawy jarskie

Fenkuły à la pani Walewska
1 porcja – 210 kcal

◇ *4 fenkuły,* ◇ *3 pomidory,* ◇ *2 łyżki oliwy z oliwek,*
◇ *1 czubata łyżka nasion sezamu,* ◇ *2 łyżeczki sosu sojowego,*
◇ *1 łyżka świeżych ziół prowansalskich*
(albo 1 łyżeczka ziół suszonych wymieszanych z 1 łyżeczką oleju),
◇ *świeżo zmielony czarny pieprz i sól do smaku*

Z umytych fenkułów odciąć łodygi, oderwać listki i drobno je posiekać. Fenkuły przekroić wzdłuż na pół. 4 kawałki folii aluminiowej wyłożyć świeżymi ziołami albo natrzeć ziołami suszonymi wymieszanymi z oliwą. Na każdym kawałku folii położyć po dwie połówki fenkułu – przeciętą stroną do spodu. Folię złożyć. Tak zapakowane warzywa ułożyć na ruszcie piekarnika i w temperaturze 200°C piec około 20 minut. Pomidory sparzyć, obrać ze skórki, posiekać miąższ i wymieszać z posiekanymi listkami fenkułów. Dodać oliwę z oliwek, doprawić solą, pieprzem i sosem sojowym. Upieczone fenkuły pokroić w cienkie plastry, włożyć je do sosu pomidorowego, posypać uprażonym sezamem. Odstawić na pół godziny.

Selery à la markiz de Sade
1 porcja – 130 kcal

◇ *80 dag selerów,* ◇ *2 łyżki masła,* ◇ *¹/₃ szkl. białego wytrawnego wina,*
◇ *¹/₂ łyżki mąki,* ◇ *sól i cukier do smaku,* ◇ *¹/₂ pęczka natki pietruszki*

Selery wyszorować pod bieżącą wodą, obrać, opłukać, pokroić w cząstki, zalać wrzącą wodą z dodatkiem cukru, gotować 5 minut. Odcedzić, włożyć do rondla, dodać łyżkę masła, wlać wino i dusić do miękkości pod przykryciem. Pozostały tłuszcz rozgrzać, wymieszać z mąką, zasmażyć, nie rumieniąc, połączyć z selerami i posiekaną natką pietruszki. Zagotować i doprawić do smaku. Potrawę podawać z bagietką.

Roladki z sosem curry i masalą
1 porcja – 360 kcal

◇ *12 plastrów cukinii (opieczonej na grillu),* ◇ *1 serek camembert,*
◇ *20 dag zielonej soczewicy,* ◇ *¹/₄ pęczka selera naciowego,*
◇ *gałka muszkatołowa,* ◇ *2 ¹/₂ łyżki soku z cytryny,* ◇ *3 łyżki oleju,*
◇ *1 pęczek natki pietruszki,* ◇ *2 łyżki świeżej mięty,* ◇ *2 ząbki czosnku,*
◇ *10 orzechów nerkowca,* ◇ *200 ml mleczka kokosowego,*
◇ *po 1 łyżeczce posiekanego imbiru i curry,*
◇ *sól i pieprz do smaku,* ◇ *niewielka ilość cukru,*
◇ *2 zielone chili,* ◇ *1 pęczek kolendry,* ◇ *liście rukoli*

Ugotować soczewicę (20 minut) ze szczyptą gałki muszkatołowej. Odcedzić, ostudzić, wymieszać z posiekanym selerem naciowym, natką pietruszki, miętą, olejem i 2 łyżkami soku z cytryny. Przyprawić do smaku solą i pieprzem.

Przygotować sos curry: 1 ząbek czosnku obrać, pokroić i podsmażyć na oleju razem z orzechami nerkowca. Dodać imbir i curry, chwilę smażyć.

Wlać mleczko kokosowe i gotować kilka minut. Przyprawić do smaku sokiem z cytryny, cukrem, solą, zmiksować na gładką pastę.
Przygotować sos masala: chili, 1 ząbek czosnku i kolendrę utrzeć razem.
Camembert podzielić na 12 kawałków i zawinąć w plastry cukinii. Podawać z soczewicą, udekorować rukolą, skropić żółtym sosem curry i zielonym sosem masala.

Łódeczki z niespodzianką
1 porcja – 320 kcal

◇ *2 dorodne cykorie*, ◇ *sok z 1 cytryny*, ◇ *3 duże mięsiste pomidory*,
◇ *2 mandarynki*, ◇ *10 oliwek, najlepiej z paprykowym nadzieniem*,
◇ *2 łyżki oleju*, ◇ *świeżo zmielony pieprz i sól do smaku*

Cykorię umyć i przygotować łódeczki z liści, skracając każdy u nasady i wycinając głąb. Sparzone pomidory obrać ze skórki, pokroić w drobną kostkę. Mandarynki obrać ze skórki i usunąć błonki z każdej cząstki. Oliwki pokroić na połówki. Wymieszać wszystkie składniki, dodać olej, sok z cytryny, sól oraz pieprz i pozostawić pod przykryciem na kwadrans. Napełnić listki nadzieniem i ułożyć na półmisku.

Rozmarynowa obietnica
1 porcja – 210 kcal

◇ *po 1 czerwonej, żółtej i zielonej papryce*, ◇ *2 małe cukinie*,
◇ *1 duża biała cebula*, ◇ *3 ząbki czosnku*, ◇ *4 pomidory*,
◇ *2 gałązki rozmarynu*, ◇ *1 pęczek bazylii*,
◇ *1 opakowanie (13 dag) sera mozzarella*, ◇ *2 łyżki oliwy*,
◇ *sól i pieprz do smaku*, ◇ *słodka mielona papryka*,
◇ *50 dag krojonych pomidorów z puszki*

Paprykę umyć, rozkroić, usunąć nasionka i białe części miąższu. Strąki pokroić w paseczki. Cukinię oczyścić, pokroić w talarki grubości około 1 cm. Cebulę obrać, drobno posiekać. Oczyszczony czosnek drobniutko pokroić. Pomidory pokroić na cząstki. Rozmaryn i bazylię opłukać, osuszyć. Kilka listków bazylii pozostawić do dekoracji, resztę pokroić w cienkie paseczki. Poodrywać igiełki rozmarynu od gałązek. Mozzarellę osączyć z zalewy, pokroić w małą kosteczkę. W szerokim rondlu rozgrzać oliwę. Dodać paprykę, cukinię i pomidory. Mieszając, smażyć 5 minut. Przyprawić solą, pieprzem i słodką papryką. Do smażonych warzyw dodać pomidory z puszki, pokrojoną bazylię oraz 3/4 rozmarynu. Całość gotować około 15 minut na wolnym ogniu. Na 2 minuty przed końcem gotowania dodać pokrojoną mozzarellę. Ponownie przyprawić do smaku solą i pieprzem oraz papryką. Przed podaniem udekorować odłożonymi ziołami.

Tak przyrządzone warzywa to ratatouille – tradycyjna potrawa prowansalska, do której często dodawane są także bakłażany. Zwykle serwuje się ją jako samodzielne danie, ale jest też doskonałym dodatkiem do ryb lub pieczonego drobiu.

W klasycznej nicejskiej ratatouille wszystkie składniki są smażone oddzielnie na bardzo dobrej oliwie i dopiero po usmażeniu duszone razem z aromatycznymi ziołowymi przyprawami. Jeżeli do potrawy zamierzamy dodać bakłażana, najpierw pokrójmy go w plastry, ułóżmy na sitku i dobrze posólmy. Gdy puści sok, należy go opłukać, osuszyć papierowym ręcznikiem i dopiero usmażyć. Dzięki temu nie wchłonie tłuszczu.

Bakłażany z mozzarellą
1 porcja – 430 kcal

◇ 1 kg bakłażanów, ◇ 60 dag pomidorów, ◇ 2 cebule,
◇ 20 dag mozzarelli, ◇ 3 ząbki czosnku, ◇ 2 gałązki bazylii,
◇ olej do smażenia, ◇ sól i pieprz do smaku

Bakłażany umyć, przekroić wzdłuż na połówki, posypać solą, odstawić na 10 minut, opłukać. Połowę posiekanego czosnku zrumienić na oliwie, a następnie usunąć. Na oliwie podsmażyć (miąższem do dołu) połówki bakłażanów, ułożyć na blasze. Na oleju ze smażenia bakłażanów zeszklić posiekaną cebulę. Dodać obrane, pokrojone pomidory, resztę czosnku i pokrojone listki bazylii. Doprawić solą i pieprzem. Smażyć 5 minut.

Połówki bakłażanów obłożyć pomidorową masą. Mozzarellę pokroić na plasterki i rozłożyć na warstwie pomidorów. Zapiekać 20 minut w piekarniku rozgrzanym do 180 stopni.

Trufle na świeżo

(stara receptura)

Świeże trufle starannie oczyszczone i wymyte w kilku wodach sparzyć czerwonem winem, obrać z łupki, którą potem można wygotować do sosów, pokrajać w talarki, włożyć do rondla, skropić maderą lub czerwonym winem, dodać łyżkę świeżego masła i dusić pod przykryciem, aż będą miękkie, poczem wydać oblane sosem, w którym się dusiły. Lub też ugotować w całości trufle na maderze, a potem każdy z osobna zawinąć w koronkową bibułkę, ułożyć na półmisku, a w sosjerce podać rozpuszczone masło deserowe.

Zmysłowe risotto

1 porcja – 590 kcal

◇ 40 dag ryżu na risotto, ◇ 1 pęczek cebulki ze szczypiorkiem,
◇ 1 łyżka masła, ◇ 3 łyżki oliwy,
◇ 2 ząbki czosnku, ◇ około 1.1 l bulionu warzywnego,
◇ 8 małych karczochów, ◇ 2 łyżki soku z cytryny,
◇ 25 dag zielonego groszku w strączkach,
◇ 2 łyżki octu z białego wina, ◇ 10 dag świeżo startego parmezanu,
◇ 4 dag parmezanu w kawałku, ◇ sól, ◇ pieprz

Cebulkę oczyścić i umyć. Szczypior pokroić w krążki i odłożyć, białe cebulki posiekać. W garnku rozgrzać masło i 1 łyżkę oliwy, dodać posiekaną cebulkę i ryż, zeszklić. Obrać jeden ząbek czosnku, posiekać i dodać do ryżu. Podgrzać litr bulionu, porcjami dolewać do ryżu. Risotto gotować na wolnym ogniu około 30 minut.

Odkroić wierzchołki karczochów, usunąć zewnętrzne liście. Karczochy przekroić wzdłuż na pół i natychmiast włożyć do wody z sokiem z cytryny.

Następnie gotować w dużej ilości osolonej wody około 10 minut, odcedzić, przelać zimną wodą. Groszek oczyścić i umyć. Jeden ząbek czosnku obrać, przecisnąć przez praskę, razem z karczochami i groszkiem poddusić na 2 łyżkach oliwy. Wlać ocet i 100 ml bulionu. Warzywa doprawić, dusić około 5 minut.

Tuż przed podaniem do risotta dodać starty parmezan, doprawić. Parmezan w kawałku zetrzeć w długie, cienkie wiórki. Risotto i warzywa wyłożyć na talerze, posypać parmezanem.

Wachlarze Madame de Pompadour
1 porcja – 470 kcal

◇ 8 małych cukinii (po około 15 dag każda),
◇ 1 ¹/₂ szkl. mleka, ◇ 3 jajka, ◇ 20 dag mąki,
◇ 2 ząbki czosnku, ◇ 2 dymki,
◇ 1 słoiczek (25 dag) gotowego sosu do potraw chińskich,
◇ 2 pomidory, ◇ 1 pęczek kolendry,
◇ 6 łyżek oleju, ◇ 2 łyżeczki ziarna sezamowego,
◇ 1 limetka lub cytryna, ◇ sól

Mleko zmiksować z jajkami, mąką i ½ łyżeczki soli. Odstawić, aby ciasto spęczniało. W tym czasie oczyścić, umyć i osuszyć cukinie. Pokroić wzdłuż na plastry, nie docinając do końca podstawy. Delikatnie rozsunąć plastry, aby powstał wachlarz i lekko oprószyć solą. Odstawić na około 15 minut.

Obrać i posiekać czosnek. Do garnuszka przelać gotowy sos do chińszczyzny, dodać 70 ml wody, czosnek i sparzone, obrane ze skórki i pokrojone pomidory. Posolić, zagotować. Dodać pokrojoną w plasterki dymkę i posiekaną kolendrę. Cukinie osuszyć papierowym ręcznikiem kuchennym. Olej rozgrzać na dwóch patelniach. Zanurzać osuszone cukinie w cieście i po dwie układać na patelni. Posypać sezamem i smażyć z każdej strony po 5 minut. Podać z sosem. Udekorować plasterkami limetki lub cytryny.

Omdlały imam
1 porcja – 360 kcal

◇ *4 bakłażany,* ◇ *4 duże cebule,* ◇ *30 dag pomidorów,*
◇ *4 łyżki oliwy,* ◇ *1 ząbek czosnku,* ◇ *gałka muszkatołowa,*
◇ *sól i pieprz do smaku,* ◇ *zioła do dekoracji*

Cebulę obrać i pokroić w cienkie plastry. Zrumienić na tłuszczu, dodać obrany i drobno pokrojony czosnek oraz pokrojone w kostkę pomidory. Dusić pod przykryciem, doprawiając solą, pieprzem i startą gałką muszkatołową. Bakłażany włożyć do gotującej się wody, zmniejszyć ogień, by nie wrzała, gotować 8 minut. Odcedzić, ostudzić i naciąć wzdłuż, ale nie do końca. Do środka nałożyć ¹/₃ farszu. Nafaszerowane bakłażany włożyć do naczynia żaroodpornego, zalać pozostałym farszem i resztą oliwy. Zapiekać w piekarniku 1 ¹/₂ godziny. Potrawę udekorować świeżymi ziołami.

Strzały Kupidyna
1 porcja – 319 kcal

◇ *po dużym pęczku białych i zielonych szparagów,*
◇ *1 l bulionu warzywnego,* ◇ *3 łyżki masła,* ◇ *3 żółtka,*
◇ *2 łyżki soku z cytryny,* ◇ *100 ml białego wytrawnego wina,*
◇ *1–2 łyżeczki cukru,* ◇ *1 pęczek szczypiorku,*
◇ *1 pęczek natki pietruszki,* ◇ *sól i pieprz do smaku*

Szparagi opłukać. Nożykiem oskrobać zdrewniałe końce. Związać w pęczek (białe i zielone osobno). Bulion zagotować w 2 wysokich, niezbyt szerokich garnkach. Doprawić cukrem. Do każdego garnka włożyć po pęczku szparagów (główki powinny wystawać poza bulion). Gotować – białe szparagi 15–20 minut, zielone 10–15 minut. Wino lekko podgrzać. Wymieszać z żółtkami. Ubijać na parze, aż sos uzyska konsystencję kremu. Mieszając, dodawać po odrobinie roztopionego masła, a następnie posiekaną natkę. Doprawić do smaku cukrem, pieprzem, solą i sokiem z cytryny. Szparagi osączyć. Ułożyć na półmisku. Posypać szczypiorkiem. Osobno podać sos.

Sosy do szparagów z wody

Zarówno do białych, jak i do zielonych szparagów
z wody świetne pasują sosy:

Sos parmezanowy

1 cebulę obrać, pokroić w drobną kostkę i zeszklić na 1–2 łyżkach masła. Dodać 100 ml białego wina i 200 ml bulionu, zagotować. Doprawić solą, czarnym pieprzem, startą gałką muszkatołową i pieprzem cayenne. Dodać 3 dag posiekanych, mieszanych ziół, w razie potrzeby nieco zagęścić. Wystudzić, dodać 15 dag kwaśnej śmietany i 13 dag startego parmezanu. Udekorować ziołami.

Sos jajeczny

4 jajka ugotowane na twardo obrać i posiekać. Wymieszać z 10 dag majonezu, 10 dag jogurtu naturalnego, 2 łyżkami soku z cytryny i 2 łyżkami średnio ostrej musztardy. Doprawić solą, czarnym pieprzem, pieprzem cayenne i cukrem. Dodać 3 łyżki pokrojonego szczypiorku.

Sos pomidorowy

Na 2 łyżkach masła zeszklić posiekane 2 cebule i 2 ząbki czosnku. Dodać 2 łyżki koncentratu pomidorowego, wymieszać. 50 dag pomidorów obrać ze skórki, po usunięciu pestek pokroić w kostkę. Dodać do cebuli, krótko dusić. Wlać 100 ml bulionu, zagotować, doprawić solą, czarnym pieprzem, pieprzem cayenne i cukrem. Wymieszać z 2 łyżkami posiekanej bazylii.

Sos serowo-orzechowy

150 ml bulionu warzywnego zagotować ze 150 ml śmietany. Dodać 20 dag pokruszonego sera gorgonzola z 50 ml sherry, rozpuścić (sos można

jeszcze zagęścić mąką ziemniaczaną). Doprawić solą i pieprzem, wymieszać z 8 dag posiekanych orzechów włoskich. Ozdobić posiekaną bazylią.

Sos holenderski

4 surowe żółtka wlać do żaroodpornej miski, dodać sok z 1 cytryny i 100 ml białego wina, 3–4 krople sosu worcester, sól i pieprz. Miskę ustawić na garnku z gotującą się wodą. Składniki ubić na puszystą masę. Wyjąć z kąpieli wodnej, po kropelce dodać 250 ml roztopionego masła, stale ubijając. Sos doprawić, posypać szczypiorkiem.

Sos z białego wina

Na 1 łyżce masła zeszklić 2 szalotki pokrojone w kosteczkę. Wlać 100 ml białego wina i sok z 1 cytryny, następnie 300 ml śmietany, raz zagotować. Sos przetrzeć przez sito, podgrzać i lekko zagęścić odrobiną mąki ziemniaczanej. Doprawić solą, pieprzem i startą gałką muszkatołową. Dodać 1 łyżkę miodu i 1–2 łyżki octu estragonowego. Ozdobić ziołami.

Sos pomarańczowo-bazyliowy

Na 1 łyżce masła zeszklić 1 posiekaną cebulę. Dodać oczyszczoną z białych skórek i pokrojoną w kostkę 1 pomarańczę oraz po 125 ml soku z pomarańczy, białego wina i bulionu. Zagotować na dużym ogniu. Sos przetrzeć przez sito, podgrzać, doprawić solą, pieprzem, zagęścić odrobiną mąki ziemniaczanej. Zdjąć z ognia, dodać 13 dag gęstej śmietany. Ozdobić cząstkami pomarańczy i bazylią.

Piekielne leczo
1 porcja – 180 kcal

◇ *75 dag kolorowej papryki,*
◇ *1 cukinia,* ◇ *1 bakłażan,* ◇ *2 cebule,*
◇ *3 pomidory,* ◇ *1 łyżeczka suszonej bazylii,*
◇ *3 łyżki oliwy,* ◇ *mielona ostra papryka,*
◇ *sól i świeżo zmielony pieprz do smaku*

Bakłażana obrać, pokroić w plastry, oprószyć solą, odstawić na 30 minut. Następnie opłukać, pokroić na kawałki. Cukinię obrać, pokroić w plastry. Sparzyć pomidory, zdjąć skórkę, pokroić w kostkę. Paprykę oczyścić z pestek, opłukać, pokroić na kawałki. Cebulę obrać, pokroić w krążki. Oliwę rozgrzać w rondlu, wrzucić cebulę, zeszklić. Dodać bakłażana, cukinię i paprykę. Oprószyć solą, pieprzem, mieloną papryką i bazylią. Dusić na małym ogniu około 20 minut. Dodać pomidory, dusić jeszcze 10 minut. Leczo przyprawić mocno solą, pieprzem i mieloną papryką.

„Podkręcające" pomidory
1 porcja – 320 kcal

◇ *1 kg pomidorów,* ◇ *50 dag owczego sera,*
◇ *2 ząbki czosnku,* ◇ *5 łyżek bułki tartej,*
◇ *1 łyżka posiekanej zielonej pietruszki,*
◇ *1 łyżka oliwy z oliwek,*
◇ *sól i biały pieprz do smaku,*
◇ *1 łyżka masła do wysmarowania foremki*

Umyte i osuszone pomidory pozbawić wierzchów. Po wydrążeniu środków wyjęty miąższ pokroić w drobne kawałeczki. Obrany czosnek drobno posiekać, a następnie wymieszać z rozdrobnionym serem i pokrojonymi pomidorami. Dodać do nadzienia sól i pieprz do smaku. Wypełnić pomidory farszem i ułożyć w natłuszczonej foremce. Skropić oliwą i zapiekać około 20 minut w piekarniku nagrzanym do 200°C. Podawać z zieloną sałatą i grzankami.

Rozpalająca zmysły cukinia po indyjsku
1 porcja – 260 kcal

◇ *1 kg cukinii, olej do smażenia,*
◇ *1 ½ łyżeczki nasion gorczycy,* ◇ *2 pomidory,*
◇ *2 cebule,* ◇ *½ łyżeczki curry,*
◇ *½ łyżeczki kurkumy lub ¼ łyżeczki imbiru w proszku,*
◇ *¼ łyżeczki pieprzu i chili,* ◇ *szczypta soli,*
◇ *1 szkl. wiórków kokosowych*

Cukinię obrać, usunąć pestki i pokroić w drobną kostkę. Na gorącym oleju smażyć gorczycę, aż zacznie pękać. Dodać 3 łyżki oleju oraz obraną i pokrojoną cebulę. Smażyć dalej, dołożyć pomidory w plasterkach, przyprawy, a po 5 minutach cukinię wymieszaną z wiórkami kokosowymi. Dusić 15 minut. Podawać z ryżem ugotowanym na sypko.

Męskie superdanko
1 porcja – 250 kcal

◇ *6 karczochów,* ◇ *6 jajek,* ◇ *3 szalotki,*
◇ *2 łyżki oliwy,* ◇ *2 łyżki masła,*
◇ *1 łyżka octu balsamicznego,* ◇ *1 ząbek czosnku,*
◇ *1 pęczek natki pietruszki,*
◇ *sól i pieprz do smaku*

Odciąć zdrewniałą łodygę karczocha, liście przyciąć w 2/3 wysokości, ugotować pod przykryciem (około 30 minut). Odcedzić, rozchylić listki karczocha i usunąć te ze środka. Czosnek i szalotki obrać i posiekać. Szalotki usmażyć na oliwie, po chwili dorzucić czosnek. Przyprawić do smaku solą i pieprzem. Farsz nałożyć do karczochów. Do środka karczochów wbić po jednym jajku. Ułożyć karczochy w żaroodpornym naczyniu wysmarowanym masłem. Wsunąć do piekarnika nagrzanego do temperatury 210°C. Piec 3–5 minut. Wyjąć, skropić oliwą i octem balsamicznym. Przed podaniem posypać zapieczone jajka drobno posiekaną natką pietruszki.

Uwodzicielskie bulwy
1 porcja – 160 kcal

◊ *6 bulw kopru włoskiego (fenkułu),* ◊ *1 łyżka masła,*
◊ *10 dag mąki,* ◊ *¹/₂ szkl. mleka,*
◊ *2 łyżki jogurtu naturalnego,* ◊ *1 szkl. utartego sera roquefort,*
◊ *sól i pieprz do smaku,* ◊ *rzeżucha,* ◊ *listki kopru,*
◊ *kolendra lub natka pietruszki*

Bulwy kopru włoskiego przekroić na pół i ugotować do miękkości (około 20 minut od zawrzenia wody). Wyjąć łyżką cedzakową. Pół szklanki wywaru pozostawić do sporządzenia sosu. Stopić masło (nie rumienić), dodać mąkę i zasmażać przez 2–3 minuty na wolnym ogniu. Następnie stopniowo wlewać na zmianę mleko i wywar – mieszając, aby otrzymać gładką masę bez grudek. Powoli sypać utarty ser i także mieszać. Na końcu dodać jogurt, sól i pieprz. Delikatnie wymieszać i odstawić z ognia. Bulwy polać obficie sosem. Można posypać listkami kopru, udekorować rzeżuchą, kolendrą lub pietruszką. Podawać na ciepło lub na zimno.

Oczarowanie
1 porcja – 420 kcal

◊ *1 pęczek białych szparagów,* ◊ *3 czubate łyżki masła,*
◊ *2 żółtka,* ◊ *1 łyżka wody,* ◊ *2 łyżki gęstej śmietany,*
◊ *6–7 cieniutkich plastrów wędzonego łososia,*
◊ *2 jajka ugotowane na twardo,* ◊ *2 łyżki świeżo utartego parmezanu,*
◊ *sól ziołowa i czarny pieprz do smaku,*
◊ *odrobina cukru,* ◊ *szczypta zwykłej soli,* ◊ *plasterek cytryny,*
◊ *1 łyżka drobno posiekanej pietruszki*

Umyte szparagi osuszyć i delikatnie obrać z włóknistej skórki, nie uszkadzając przy tym główek. Obwiązać nicią i gotować w lekko osolonym i posłodzonym wrzątku, główkami do góry. Użyć do tego celu głębokiego garnka, aby pęczek szparagowy mógł stać we wrzątku, a główki (niezanurzone w wodzie) gotowały się w parze. Do garnka wrzucić plasterek cytryny. Szparagi gotować pod przykryciem kilkanaście minut; powinny się lekko uginać, ale w żadnym razie nie mogą stracić swojej jędrności.

W tym czasie zmiksować 2 żółtka z wodą, wlać do garnuszka, dodać masło i podgrzać lekko, stale mieszając. Dodać przyprawy, śmietanę, jeszcze raz porządnie zamieszać i zdjąć z ognia po kilku minutach. Pokroić na cząstki jajka ugotowane na twardo. Na każdym talerzu układać gorące szparagi, świeżo wyjęte z wrzątku, na to plasterki łososia z kawałkami jajka. Całość polać delikatnie sosem i posypać pietruszką i parmezanem. Potrawę oprószyć świeżo zmielonym pieprzem.

Peperonata
1 porcja – 210 kcal

◇ *3 kolorowe papryki,* ◇ *4–5 pomidorów,* ◇ *1 cebula,*
◇ *2 łyżki kwaśnej śmietany,* ◇ *1 łyżeczka masła,*
◇ *1 łyżeczka oliwy,* ◇ *1 łyżka posiekanej natki pietruszki.*
◇ *1 ząbek czosnku,* ◇ *sól i świeżo zmielony pieprz do smaku*

Cebulę obrać, pokroić w kostkę. Papryki przekroić, usunąć gniazda nasienne, umyć, pokroić w paski. Czosnek posiekać. Pomidory sparzyć, obrać ze skórki, pokroić w kostkę. Masło i oliwę rozgrzać, lekko zrumienić cebulę, dodać paprykę, przykryć, dusić na wolnym ogniu 10 minut. Dodać czosnek i pomidory, dusić pod przykryciem 30 minut, doprawić solą i pieprzem. Przed podaniem polać śmietaną i posypać natką.

Rogale Casanovy
1 porcja – 310 kcal

◇ *2 banany,* ◇ *2 plastry żółtego sera,*
◇ *3 dag sera pleśniowego (np. rokpol),*
◇ *½ szkl. śmietany 12%,*
◇ *2 łyżki posiekanych orzechów włoskich,*
◇ *2 łyżki masła,* ◇ *pieprz do smaku,*
◇ *1 łyżka natki pietruszki,* ◇ *1 łyżka startego żółtego sera*

Banany obrać, owinąć plastrami żółtego sera i polać sosem z rozdrobnionego sera pleśniowego, śmietany i orzechów włoskich. Całość posypać wiórkami masła oraz pieprzem. Zapiekać w piekarniku 15 minut, posypać serem i natką pietruszki. W wersji niewegetariańskiej plastry sera można zastąpić plastrami szynki – smakuje wybornie.

Zapiekanka pachnąca słońcem
1 porcja – 470 kcal

◇ *30 dag zielonych szparagów,* ◇ *30 dag cukinii,* ◇ *50 dag pomidorów,*
◇ *2 ząbki czosnku,* ◇ *szczypta cukru,* ◇ *2 cebule,*
◇ *po ¹/₂ łyżeczki oregano i tymianku,* ◇ *2 łyżki oliwy z oliwek,*
◇ *20 dag sera gouda,* ◇ *150 ml białego wina,*
◇ *sól i świeżo zmielony pieprz do smaku*

Szparagi gotować w osolonej i posłodzonej wodzie około 8 minut. Cukinię oczyścić, pokroić w plastry. Pomidory, czosnek i cebulę obrać i pokroić. Formę natłuścić oliwą. Pokrojone szparagi kłaść warstwami na przemian z cukinią. Warzywa posypać cebulą, czosnkiem i ziołami. Wymieszać pomidory, wino i oliwę, sól i pieprz, polać warzywa. Zapiekankę posypać startym serem. Piec w piekarniku nagrzanym do temperatury 200°C około 20 minut.

Miłosna legumina marchewkowa
1 porcja – 375 kcal

◇ *40 dag marchwi,* ◇ *1 l mleka,* ◇ *1 szkl. miodu,* ◇ *10 dag masła,*
◇ *¹/₂ szkl. posiekanych migdałów,* ◇ *1 łyżka rodzynek,*
◇ *1 łyżka koniaku,* ◇ *starta gałka muszkatołowa,* ◇ *sól*

Umytą i obraną marchewkę zetrzeć na tarce, włożyć do garnka o grubym dnie, zalać mlekiem i dusić na małym ogniu, często mieszając, aż się rozgotuje, odparować. Umyte rodzynki zalać koniakiem. Marchewkę zdjąć z ognia, wlać stopione masło (zostawić trochę do wysmarowania formy), miód, dodać rodzynki, połowę posiekanych migdałów, startą gałkę muszka-tołową i szczyptę soli, dokładnie wymieszać.

Żaroodporny półmisek wysmarować masłem, wyłożyć przygotowaną masę, wstawić do nagrzanego piekarnika, zapiekać, aż nabierze ciemnopomarańczowego koloru. Pozostałe migdały uprażyć na gorącej patelni. Leguminę podawać na gorąco lub na zimno. Przed podaniem posypać migdałami.

Oliwkowe co nieco
1 porcja – 85 kcal

◇ 25 dag oliwek nadziewanych papryką, ◇ 2 jajka,
◇ 15 dag mąki, ◇ 5 dag startego parmezanu,
◇ ½ szkl. oliwy, ◇ sól, ◇ pieprz

Oliwki osączyć. Jajka umyć, rozbić do miseczki, zmiksować lub energicznie roztrzepać widelcem, oprószyć solą i pieprzem, wymieszać. Przesianą mąkę i starty parmezan wysypać do dwóch głębokich talerzy. Oliwki obtaczać w mące, następnie w jajku, a na końcu w parmezanie. Rozgrzać oliwę w głębokiej patelni. Oliwki smażyć partiami na złoty kolor, osączyć na papierowym ręczniku kuchennym.

Pasztet sojowy
1 porcja – 340 kcal

◇ 25 dag ugotowanej soi, ◇ 50 dag pieczarek,
◇ 4 cebule, ◇ 3 jajka, ◇ 2 średniej wielkości selery,
◇ 1 pietruszka, ◇ oliwa, ◇ sól i pieprz, ◇ mieszanka ziół

Umyte pieczarki pokroić i podsmażyć na 4 łyżkach oliwy. Dodać obrane i posiekane cebule i razem poddusić. Pietruszkę oraz seler umyć, obrać i ugotować. Pieczarki, warzywa i soję zemleć w maszynce do mięsa, dodać żółtka, przyprawić do smaku ziołami, wymieszać. Na końcu delikatnie połączyć z ubitą na sztywno pianą z białek. Włożyć do wysmarowanej tłuszczem formy. Piec 30–40 minut. Podawać na gorąco lub na zimno.

Bakłażany z niespodzianką
1 porcja – 370 kcal

◇ *2 średniej wielkości bakłażany,* ◇ *1 duży pomidor,*
◇ *1 papryka,* ◇ *1 cebula,* ◇ *1 łyżeczka kaparów,*
◇ *5 zielonych oliwek,* ◇ *1 jajko,* ◇ *oliwa z oliwek,*
◇ *bułka tarta.* ◇ *sól i świeżo zmielony pieprz*

Przekroić bakłażany wzdłuż na połowy. Wyjąć łyżeczką miąższ, zostawiając jego cienką warstwę przylegającą do skórki. Wydrążone połówki posolić i odstawić, miąższ drobno posiekać. Cebulę obrać i posiekać. Pomidora i oczyszczoną z nasion paprykę pokroić w kostkę. Udusić wszystko na 2 łyżkach oliwy. Dodać miąższ bakłażana, kapary, pokrojone oliwki. Posolić i doprawić pieprzem do smaku. Lekko przestudzić i wbić jajko. Farsz dobrze wymieszać. Osuszone, puste połówki bakłażana napełnić farszem, starannie wygładzić powierzchnię. Posypać z wierzchu tartą bułką. Skropić 2 łyżkami oliwy. Zapiekać w temperaturze 180°C przez 45 minut. Podawać na gorąco.

Fenkuł pod aromatyczną kołderką
1 porcja – 210 kcal

◇ *3 bulwy fenkułu,* ◇ *4 łyżki startego żółtego sera,*
◇ *oliwa z oliwek,* ◇ *2 łyżki masła,* ◇ *2 łyżki mąki,*
◇ *2 szkl. mleka,* ◇ *sól,* ◇ *pieprz,* ◇ *starta gałka muszkatołowa,*
◇ *świeże zioła do dekoracji*

Oczyścić bulwy z uszkodzonych listków i przekroić na 3 części. Gotować w osolonym wrzątku przez 5–7 minut. Odcedzić. Rozgrzać masło na beszamel, wsypać mąkę i smażyć, aż zasmażka zbieleje. Wlać mleko i gotować, cały czas mieszając. Zgęstniały sos doprawić solą, pieprzem i startą gałką muszkatołową. Powstałe grudki rozbić. Żaroodporne naczynie wysmarować oliwą, ułożyć fenkuł, polać beszamelem, posypać żółtym serem i zapiekać w piekarniku w temperaturze 180°C, aż sos zacznie brązowieć. Gotowe danie udekorować świeżymi ziołami.

Marchewka z orzechami „Marilyn"
1 porcja – 90 kcal

◇ 4 marchewki, ◇ 5 dag łuskanych orzechów włoskich,
◇ 1 łyżka masła, ◇ cukier i sól do smaku,
◇ ew. imbir lub kolendra

Marchewkę obrać, umyć i pokroić w talarki, słupki lub kostkę. Kilka połówek orzechów odłożyć do dekoracji, a pozostałe zemleć. Marchew włożyć do garnka, wlać tyle wrzącej osolonej wody, aby przykryła marchew, dodać ½ łyżki masła i szczyptę cukru. Gotować 15–20 minut. Gdy marchew będzie miękka, dodać orzechy i gotować jeszcze 2–3 minuty. Włożyć resztę masła. Doprawić do smaku. Można dodać szczyptę imbiru lub szczyptę mielonej kolendry.

Sycylijska caponata
1 porcja – 350 kcal

◇ 1 bakłażan, ◇ 2 cebule, ◇ 2 łodygi selera naciowego,
◇ 1 czerwona papryka, ¹/₂ szkl. pomidorów krojonych z puszki,
◇ 5 dag krojonych oliwek, ◇ 2 łyżki kaparów,
◇ 2 łyżki octu winnego, ◇ ¹/₂ szkl. oliwy,
◇ 1 łyżka miodu, ◇ sól, ◇ pieprz

Bakłażan umyć, przekroić na pół, pokroić w kawałki grubości około 1 cm. Cebulę obrać, przekroić, pokroić w plasterki. Paprykę umyć, przekroić, usunąć nasiona, pokroić strąki na małe kawałki. Seler umyć, pokroić w grube plastry. Pomidory zmiksować lub przetrzeć przez sito.

W głębokiej patelni rozgrzać oliwę, włożyć bakłażan i smażyć na średnim ogniu około 10 minut, a następnie zdjąć z patelni. Na tym samym tłuszczu podsmażyć cebulę, paprykę i seler, aż będą miękkie. Dodać pomidory, podgrzewać razem 10–12 minut, aż sos lekko zgęstnieje. Dodać oliwki, kapary, ocet winny. Gotować 7 minut, dodać bakłażany, wszystko wymieszać, doprawić do smaku solą i pieprzem. Gotować jeszcze 5–7 minut, wymieszać z miodem.

Rozkosz od samego środka

1 porcja – 250 kcal

◇ 4 duże okrągłe pomidory, ◇ 2 łyżki posiekanej natki pietruszki,
◇ 1 ząbek czosnku, ◇ 2 filety sardeli (anchois),
◇ 3 łyżki tartej bułki, ◇ 1 jajko, ◇ 8 łyżek oliwy z oliwek,
◇ sól i świeżo zmielony czarny pieprz,
◇ listki bazylii lub gałązki pietruszki

Pomidory opłukać, osuszyć, przekroić na pół i wydrążyć środki. Miąższ pomidorów, natkę pietruszki, zmiażdżony czosnek, jajko i tartą bułkę oraz pokrojone filety sardeli włożyć do miski, przyprawić 2 łyżkami oliwy, solą i pieprzem. Dokładnie wymieszać. Tak przygotowanym nadzieniem wypełnić połówki pomidorów, ułożyć je na posmarowanej oliwą blasze i piec w piekarniku w temperaturze 190°C około 20 minut. Upieczone pomidory przybrać gałązkami pietruszki lub liśćmi bazylii. Podawać gorące.

Niezrównany duet

1 porcja – 450 kcal

◇ 2 kg białych szparagów, ◇ 2 łyżki masła,
◇ 25 dag pomidorków koktajlowych, ◇ puszka serc karczochów (425 ml),
◇ 4 gałązki tymianku, ◇ po 1 pęczku bazylii i natki pietruszki,
◇ 2 cebule, ◇ 8 łyżek octu balsamicznego, ◇ 8 łyżek oleju rzepakowego,
◇ szczypta cukru, ◇ sól i pieprz; ◇ w wersji niewegetariańskiej
40 dag surowej wędzonej szynki

Szparagi umyć, obrać, odkroić zdrewniałe końce. Włożyć do wrzącej osolonej wody z masłem i szczyptą cukru, gotować na wolnym ogniu około 20 minut. Pomidorki opłukać, osuszyć i pokroić w ćwiartki. Serca karczochów odcedzić i pokroić w małą kostkę. Tymianek, bazylię i natkę pietruszki opłukać, osuszyć. Listki oderwać od gałązek i posiekać. Cebulę obrać i pokroić w drobną kostkę. Sól wymieszać z pieprzem i octem balsamicznym. Porcjami dodawać olej i mieszać. Następnie dodać zioła i cebulę, wymieszać. Do sosu dodać pomidorki i karczochy, sałatkę delikatnie wymieszać.

Szparagi odcedzić i podawać z sałatką. W wersji niewegetariańskiej ze szparagami wspaniale komponuje się dobrej jakości, bardzo delikatna w smaku, surowa wędzona szynka.

Karczochowe szaleństwo
1 porcja – 350 kcal

◇ *4 karczochy,* ◇ *12 dag sera rokpol,* ◇ *4 łyżki serka homogenizowanego,*
◇ *3 łyżki śmietany kremówki,* ◇ *1 cytryna,* ◇ *1 łyżeczka sosu tabasco,*
◇ *4 listki sałaty,* ◇ *2 pomidory,* ◇ *sól i pieprz*

Po usunięciu pierwszych liści karczochy starannie umyć, następnie odciąć nożyczkami ostre czubki płatków. Częścią jadalną jest mięsiste dno kwiatowe oraz dolna część kielicha. Wrzucić karczochy do garnka z dużą ilością wrzącej, osolonej wody i gotować około godziny, aż będą miękkie. Są ugotowane, gdy środkowe płatki dają się łatwo wyciągnąć. Następnie karczochy odcedzić, osączyć i wystudzić.

Rokpol utrzeć z serkiem i śmietaną na jednolitą masę, doprawić solą, pieprzem i tabasco. Szprycą do kremów napełnić wnętrza karczochów farszem, wciskając go między listki. Sałatę umyć i osączyć. Pomidory umyć i pokroić w ćwiartki. Karczochy podawać na listkach sałaty, przybrane ćwiartkami pomidorów.

Zupa à la viagra
1 porcja – 120 kcal

◇ *1 bulwa kopru włoskiego,* ◇ *1 mała cebula,*
◇ *1 szkl. wywaru z jarzyn,* ◇ *1 szkl. mleka,* ◇ *1 łyżeczka masła,*
◇ *2 łyżki słodkiej śmietany,* ◇ *1 żółtko,* ◇ *sól i pieprz do smaku,*
◇ *1 mały listek laurowy,* ◇ *1 ząbek czosnku*

Pokrojone w plastry bulwy kopru włoskiego udusić razem z poszatkowaną cebulą w odrobinie wywaru z warzyw. Dodać masło. Gdy zmiękną, zmiksować z resztą wywaru i ząbkiem czosnku. Wymieszać z mlekiem, dodać sól i pieprz do smaku, wrzucić listek laurowy i na małym ogniu doprowadzić do wrzenia, często mieszając. Żółtko zmiksować ze śmietaną i z kilkoma łyżkami przestudzonej zupy – ostrożnie dodać do zupy. Podgrzać, delikatnie mieszając, nie doprowadzając do wrzenia. Podawać z groszkiem ptysiowym lub startym żółtym serem.

Zupa Afrodyty
1 porcja – 440 kcal

◇ *4 suszone pomidory,* ◇ *1 ząbek czosnku,* ◇ *1 szalotka,*
◇ *3 dag parmezanu,* ◇ *1 pęczek bazylii,* ◇ *8 łyżek oliwy,*
◇ *2 świeże pomidory,* ◇ *150 ml białego wina,* ◇ *600 ml wywaru rybnego,*
◇ *szczypta niteczek szafranu,* ◇ *20 dag dużych sprawionych surowych*
krewetek (bez skorupek), ◇ *sól i pieprz,* ◇ *8 kromek bagietki*

Suszone pomidory pokroić w kostkę. Czosnek i szalotkę obrać i pokroić w ćwiartki. Parmezan pokruszyć. Bazylię opłukać i osuszyć, listki oderwać od gałązek i pokroić. Przygotowane składniki zmiksować z 6 łyżkami oliwy.

Świeże pomidory umyć, pokroić w ćwiartki, po usunięciu pestek pokroić w małą kostkę. Wymieszać z pesto, doprawić pieprzem.

Wino i wywar rybny wlać do garnka, zagotować. Niteczki szafranu rozpuścić w 2–3 łyżkach gorącego bulionu, dodać do reszty bulionu, wymieszać. Do bulionu dodać opłukane i osuszone krewetki, gotować 2–3 minuty. Zupę doprawić solą i świeżo zmielonym pieprzem. Na patelni teflonowej na 2 łyżkach oliwy usmażyć kromki bagietki. Grzanki posmarować pesto. Bulion z krewetkami wlać do miseczek, ewentualnie ozdobić bazylią. Podać z grzankami. Do bulionu można dodać 3 łyżki wermutu.

Zupa krem „Werona"
1 porcja – 110 kcal

◇ *1 ¹/₂ pora,* ◇ *30 dag selera,* ◇ *2 pietruszki,* ◇ *2 marchewki,*
◇ *2 żółtka,* ◇ *3 kromki bułki,* ◇ *2 łyżki masła,* ◇ *2 łyżki śmietany,*
◇ *2 łyżki startego parmezanu,* ◇ *2 szkl. wody,*
◇ *sól i pieprz do smaku,* ◇ *¹/₂ pęczka natki pietruszki,* ◇ *lubczyk*

Pietruszkę, połowę pora, marchewkę i kawałek selera umyć, oczyścić, włożyć do garnka, wlać 2 szklanki wody, ugotować warzywa do miękkości. Drugą połówkę pora oczyścić, umyć, odciąć białą część, pokroić w krążki. Pozostały seler i marchew obrać, umyć i pokroić w kostkę. W osobnym garnku stopić łyżkę masła, wlać 2–3 łyżki wody, udusić marchew i seler do miękkości. Włożyć por i mieszając, dusić jeszcze 5 minut. Dodać wywar wraz z warzywami i gotować 10 minut. Bułkę pokroić w kostkę i przyrumienić na pozostałym maśle. Zupę zmiksować lub przetrzeć przez sito, doprawić. Zdjąć z ognia. Śmietanę połączyć z żółtkami i parmezanem. Mieszając, wlewać powoli do zupy. Zupę wlać do filiżanek, posypać natką pietruszki i lubczykiem. Grzanki podać osobno.

Zupa „Och, kochanie"
1 porcja – 130 kcal

◇ 1 kg bulw kopru włoskiego, ◇ 1 pęczek dymki, ◇ 4 łyżki oliwy, ◇ 1 mała puszka ciecierzycy, ◇ 4 łyżki startego sera pecorino, ◇ 3 łyżki posiekanej natki pietruszki, ◇ 4 kromki chleba, ◇ sól, pieprz, ◇ 1 ząbek czosnku

Bulwy kopru oczyścić, opłukać i pokroić w paski. Dymkę pokroić w krążki. Warzywa dusić minutę w 4 łyżkach oliwy, wlać 1,25 l wrzątku, gotować 20 minut. Ciecierzycę osączyć, dodać z natką do zupy, doprawić solą i pieprzem. Kromki chleba zrumienić na reszcie oliwy, natrzeć rozgniecionym czosnkiem. Zupę wlać do talerzy, posypać serem, podać z grzankami.

Zupa zakochanych
1 porcja – 250 kcal

◇ 1 bulwa kopru włoskiego, ◇ po 1 czerwonej i żółtej papryce, ◇ ¹/₂ selera naciowego, ◇ ¹/₂ główki kapusty włoskiej, ◇ 1 pomidor, ◇ 1 cytryna. ◇ 1 cebula, ◇ 1 ząbek czosnku, ◇ 1 łyżka koncentratu pomidorowego, ◇ 1 łyżka oliwy, ◇ ³/₄ l rosołu, ◇ 1 papryczka chili, ◇ ziarna kopru włoskiego, ◇ 1 puszka karczochów, ◇ sól i pieprz do smaku, ◇ bazylia do dekoracji

Bulwę kopru włoskiego pokroić w plasterki, następnie w paseczki. Strąki papryki oczyścić, podzielić na ćwiartki, ostrym nożem usunąć gniazda nasienne. Miąższ opłukać, pokroić na duże kawałki. Seler pokroić w plasterki. Kapustę umyć, usunąć zewnętrzne liście. Główkę pokroić na ćwiartki, wyciąć głąb, kapustę poszatkować. Pomidory podzielić w ósemki. Cytrynę pokroić w plasterki, cebulę w drobną kostkę. Czosnek drobno posiekać.

Oliwę rozgrzać na patelni, zeszklić na niej cebulę, wrzucić czosnek, dusić kilka minut na małym ogniu. Dodać koncentrat pomidorowy i rosół, wymieszać, gotować jeszcze kilka minut pod przykryciem. Wrzucić posiekaną papryczkę chili, ziarna kopru włoskiego, pozostałe warzywa oraz cytrynę, wymieszać. Wszystkie składniki gotować 15 minut pod przykryciem. Karczochy dobrze osączyć z zalewy, przekroić na pół i dodać do warzyw na minutę przed końcem gotowania. Zupę przyprawić do smaku solą i świeżo zmielonym pieprzem. Przed podaniem udekorować listkami bazylii.

Potrawy z ryb i owoców morza

Niagara wigoru
1 porcja – 260 kcal

◇ 5 dag krewetek, ◇ 2 awokado, ◇ 2 banany, ◇ 1 filet drobiowy,
◇ 1 cytryna, ◇ 2 łyżki oleju, ◇ 2 łyżki majonezu dietetycznego,
◇ natka pietruszki, ◇ listki świeżej mięty, ◇ sałata,
◇ sól i świeżo zmielony biały pieprz do smaku

Awokado umyć, osuszyć, a następnie przekroić wzdłuż, ostrożnie wykroić pestkę i specjalną łyżeczką do lodów wycinać kulki miąższu, nie uszkadzając skórki owocu. Skropić kulki miąższu awokado sokiem z cytryny i odstawić. Filet drobiowy umyć, osuszyć, pokroić w kostkę, oprószyć solą i pieprzem.

Krewetki gotować we wrzątku około 3 minut, odcedzić. Pokrojone mięso drobiowe smażyć na patelni, na mocno rozgrzanym oleju. Kiedy mięso się zrumieni, zdjąć je z patelni i dobrze wystudzić. Banany obrać, pokroić w plasterki. Mięso, banany, krewetki i awokado włożyć do jednej miseczki, dodać 2 łyżki majonezu i ostrożnie wymieszać. Napełnić nadzieniem wydrążone skórki awokado. Udekorować każdą porcję natką pietruszki lub świeżymi listkami mięty i sałatą.

Zamiast majonezem można awokado doprawić sosem z oliwy i cytryny z dodatkiem czosnku, soli i pieprzu. Danie będzie mniej kaloryczne.

Omlet z kawiorem i łososiem
1 porcja – 130 kcal

◇ 5 jajek, ◇ 4 plastry wędzonego łososia, ◇ 6 dag kawioru,
◇ 2 łyżki śmietany, ◇ 1 łyżka posiekanego szczypiorku,
◇ 2 łyżki masła, ◇ sól i pieprz do smaku

Jajka rozbić i ubić, dodać sól i pieprz. Roztopić masło na patelni, wbić jajka i smażyć na małym ogniu. Po chwili wrzucić pokrojonego łososia i szczypior. Złożyć omlet na pół, a następnie odwrócić go na drugą stronę. Omlet podawać na podgrzanym talerzu, posypany kawiorem. Osobno podać śmietanę.

Dorada z fenkułem i sosem pomarańczowym
1 porcja – 550 kcal

◇ 1 sprawiona dorada, ◇ 2 fenkuły (kopry włoskie),
◇ 12 świeżych listków laurowych, ◇ 2–3 łyżki mąki, ◇ 13 łyżek oliwy,
◇ 3 pomarańcze, ◇ sok z 2 pomarańczy, ◇ sok z 1 cytryny,
◇ szczypta świeżo zmielonych ziaren kolendry,
◇ czarny pieprz, ◇ cukier, ◇ sól

Rybę opłukać i osuszyć. Małym, bardzo ostrym, spiczastym nożem ponacinać boki ryby, w nacięcia włożyć listki laurowe. Rybę doprawić solą, lekko oprószyć mąką. Piekarnik rozgrzać do 190°C. W brytfannie rozgrzać 5 łyżek oliwy, włożyć rybę i podsmażyć z obu stron. Brytfannę wstawić do piekarnika na środkową półkę. Rybę piec 25–30 minut, co jakiś czas polewając oliwą. Pomarańcze obrać, usunąć białe błonki, cząstki wyfiletować, wyciekający sok zachować. Sok z 2 pomarańczy i cytryny zagotować, zredukować do 1/3 objętości. Doprawić solą, kolendrą, świeżo zmielonym pieprzem i szczyptą cukru. Dodać 6 łyżek oliwy i mieszać, aż powstanie kremowy sos. Dodać sok z obierania pomarańczy oraz cząstki pomarańczy.

Z koprów włoskich odkroić natkę i odłożyć. Bulwy umyć, ewentualnie obrać, przekroić na pół. Pokroić w wąskie cząstki, usmażyć na pozostałej oliwie. Natkę kopru drobno posiekać, dodać do sosu pomarańczowego. Rybę i koper wyłożyć na półmisek, polać sosem pomarańczowym. Danie można podać z sałatką z pomidorów.

Owoce morza z warzywami
1 porcja – 375 kcal

◇ 30 dag mieszanki owoców morza, ◇ 1 puszka czerwonej fasoli,
◇ 1 zielona papryka (może być także papryka żółta lub czerwona),
◇ sok z 1 cytryny, ◇ 1 łyżeczka oliwy z oliwek,
◇ odrobina soli i pieprzu do smaku

Czerwoną fasolę dokładnie odcedzić z zalewy, paprykę pokroić w drobną kostkę. Na patelni rozgrzać oliwę, wrzucić osączone owoce morza, fasolę oraz paprykę. Smażyć około 10 minut, przez cały czas dokładnie mieszając. Tuż przed podaniem przyprawić potrawę do smaku solą, pieprzem oraz sokiem świeżo wyciśniętym z cytryny.

Morskie opowieści
1 porcja – 520 kcal

◇ 4 filety z łososia, ◇ 30 dag fasolki szparagowej,
◇ 20 dag pomidorków koktajlowych, ◇ 1 cebula,
◇ 1 czerwona papryka, ◇ 10 dag czarnych oliwek bez pestek,

◊ *garść rukoli lub kilka listków bazylii,* ◊ *2–3 ząbki czosnku,*
◊ *4 łyżki oliwy,* ◊ *sok z cytryny,* ◊ *sól i pieprz*

Filety z łososia opłukać, osuszyć, skropić sokiem z cytryny, oprószyć solą, pieprzem i odstawić pod przykryciem na 20 minut do lodówki. Paprykę pokroić w kostkę. Z fasolki szparagowej odciąć końce i pokroić ją na kawałki długości około 4 cm. Włożyć do lekko osolonego wrzątku i gotować około 6–8 minut, odcedzić.

Na patelni rozgrzać oliwę. Włożyć filety i smażyć z obu stron po 5 minut, aż się lekko zrumienią. Filety zdjąć z patelni, ułożyć na ogrzanych talerzach. Na patelnię wrzucić pokrojoną w kostkę cebulę i paprykę, mieszając smażyć 2 minuty. Dodać fasolkę, przekrojone na pół pomidorki i oliwki. Smażyć razem kolejne 3 minuty, mieszając. Doprawić zmiażdżonym czosnkiem, solą i pieprzem. Filety przykryć podsmażonymi warzywami. Posypać listkami rukoli lub bazylii i podawać.

Ostrygi w szampanie
1 porcja – 360 kcal

◊ *12 ostryg,* ◊ *$^1/_2$ szkl. wytrawnego szampana
lub dobrego wina musującego,* ◊ *7 łyżek masła,*
◊ *1 cebula szalotka,* ◊ *świeżo zmielony pieprz,* ◊ *sól*

Ostrygi w całości włożyć do naczynia z zimną, posoloną wodą i pozostawić w chłodnym miejscu na 2–3 godziny. Następnie odrzucić otwarte lub popękane, a pozostałe włożyć do miski ustawionej pod strumieniem bieżącej wody. Z każdej muszli odciąć tzw. brody, a muszle starannie oskrobać. Oczyszczone muszle przekładać do miski ze świeżą wodą i poruszając ręką (tak aby obijały się o siebie), dokładnie umyć. Następnie włożyć je do cedzaka i płukać, aż spływająca woda będzie czysta. Ponownie włożyć do miski ze świeżą wodą i po 10 minutach osączyć.

Muszle otworzyć i wyjąć ostrygi. Osączyć na sicie, a sok pozostawić. Szalotkę drobno posiekać i poddusić 3 minuty na małym ogniu na połowie masła. Dodać sok z ostryg i część szampana. Nad rondlem z sosem ustawić sito z ostrygami i lekko podgrzewać sos na bardzo małym ogniu. Przełożyć ostrygi do połówek muszli, ułożyć na talerzach na grubej soli i lekko je podgrzewać w otwartym piekarniku około minuty. W tym czasie dodać resztę masła do sosu, połączyć z pozostałym szampanem i lekko ubić. Ostrygi lekko posolić, posypać pieprzem i polać sosem.

Ostrygi zapiekane
1 porcja – 450 kcal

◇ 20 ostryg, ◇ niepełna szkl. białego wytrawnego wina (200 ml),
◇ 5 łyżek masła, ◇ 1 jajko, ◇ 2 łyżki tartej bułki,
◇ ½ pęczka natki pietruszki, ◇ sól i pieprz

Ostrygi wyjąć ze skorupek i opłukać w osolonej wodzie, wcześniej postępując tak, jak to zostało opisane w przepisie na ostrygi w szampanie. Zagotować wino, wrzucić ostrygi, obgotować na dużym ogniu i wyjąć po kilku sekundach. Natkę pietruszki opłukać, osączyć i drobno posiekać. Jajko ugotować na twardo, ostudzić, obrać ze skorupki i drobno posiekać.

Na patelni rozgrzać masło i przyrumienić tartą bułkę. Blachę wysypać grubą solą. Ułożyć na niej skorupki i na każdej położyć jedną ostrygę. Posypać posiekanym jajkiem i natką pietruszki. Polać masłem i tartą bułką i wstawić do nagrzanego piekarnika na kilka minut. Potrawę przed podaniem posypać solą i mielonym pieprzem.

Krewetki w ziołach
1 porcja – 190 kcal

◇ 1 opakowanie mrożonych oczyszczonych krewetek,
◇ 4 łyżki oleju, ◇ 1 cytryna, ◇ 3 ząbki czosnku,
◇ mieszanka świeżych lub suszonych ziół, ◇ sól i pieprz do smaku

Krewetki opłukać, osączyć i smażyć na rozgrzanym oleju 10 minut, mieszając. Przyprawić do smaku solą roztartą z czosnkiem, pieprzem i sokiem z cytryny. Świeże zioła opłukać, osuszyć (suszone pokruszyć), posypać nimi krewetki, ponownie wymieszać. Podawać z ryżem ugotowanym na sypko.

Tarta z łososiem

1 porcja – 210 kcal

◇ *5 plastrów wędzonego łososia,* ◇ *80 dag cukinii,*
◇ *25 dag śmietany 18%,* ◇ *4 jajka,* ◇ *1 pęczek koperku,*
◇ *1 opakowanie (25 dag) mrożonego ciasta francuskiego,*
◇ *tłuszcz do posmarowania formy,* ◇ *sól i pieprz do smaku,*
◇ *plasterki cytryny do dekoracji*

Cukinię oczyścić, umyć, pokroić w niezbyt grube krążki. Włożyć do osolonego wrzątku i gotować 4 minuty. Następnie przełożyć na sito. Pozostawić,
aby dobrze ociekła. W tym czasie jajka dokładnie roztrzepać ze śmietaną.
Przyprawić solą i pieprzem. Opłukać koperek, osuszyć, część odłożyć do
dekoracji, a resztę posiekać. Połowę posiekanego koperku wymieszać z masą śmietanowo-jajeczną.
Nasmarować tłuszczem formę do tarty o średnicy 26 cm. Wylepić rozmro-
żonym ciastem francuskim. Na nim ułożyć krążki cukinii. Przykryć plastrami
łososia. Zalać masą śmietanowo-jajeczną i wstawić do piekarnika nagrzanego do temperatury 200°C. Piec 45 minut. Po 25 minutach pieczenia brzegi tarty przykryć folią, aby się za mocno nie spiekły. Gotowe danie posypać resztą
koperku, udekorować plasterkami cytryny i gałązkami zieleniny.

Szaszłyki w porzeczkowej glazurze

1 porcja – 450 kcal

◇ *4 filety z mintaja,* ◇ *1 młoda cukinia,*
◇ *10 dag czerwonych porzeczek,* ◇ *1 pęczek dymki,* ◇ *4 łyżki oliwy,*
◇ *3 łyżki półwytrawnego sherry,* ◇ *2 łyżki cukru,*
◇ *1 łyżeczka skórki startej z cytryny,* ◇ *sól i pieprz*

Porzeczki opłukać, oderwać od gałązek, włożyć do rondla, rozgnieść,
posypać cukrem. Dodać skórkę cytrynową i 2 łyżki wody. Mieszając, gotować na wolnym ogniu 5–6 minut. Przetrzeć przez sito, wymieszać z sherry,
doprawić solą i pieprzem. Filety opłukać, przekroić wzdłuż na pół, posmarować z obu stron porzeczkową glazurą.

Cukinię umyć, odciąć końce, pokroić wzdłuż na paski. Paski cukinii obgotować 2 minuty w lekko osolonym wrzątku, przelać zimną wodą, osączyć. Dymkę umyć, pokroić na ćwiartki. Na filetach ułożyć paski cukinii, zwinąć w ruloniki i nabić na przemian z dymką na długie patyczki. Posmarować oliwą, ułożyć na blasze, wstawić do piekarnika rozgrzanego do 180°C i piec około 15 minut.

Ragoût z krewetek
1 porcja – 354 kcal

◇ 1 nieduża cukinia, ◇ 15 dag oczyszczonych krewetek,
◇ 1 cebula, ◇ 1 łyżeczka ziaren gorczycy, ◇ 1 łyżka masła,
◇ 120 ml bulionu z warzyw, ◇ 1 pęczek natki pietruszki, ◇ 2 łyżki śmietany,
◇ 1 łyżeczka mąki, ◇ czarny mielony pieprz i sól do smaku

Cebulę obrać i drobno posiekać, zalać ją wrzątkiem i osączyć. Cukinię umyć, obrać, przekroić wzdłuż na pół i usunąć gniazda nasienne, a następnie pokroić w cienkie plasterki. Cebulę, cukinię i ziarna gorczycy poddusić na maśle. Wlać trochę bulionu warzywnego lub wrzącej wody, przykryć i gotować na małym ogniu 8 minut.

Zrumienić mąkę na dobrze rozgrzanej suchej patelni. Do rondla wlać śmietanę, przełożyć cebulę i cukinię z gorczycą oraz rozprowadzoną niewielką ilością wody zrumienioną mąkę. Doprowadzić do wrzenia. Dodać oczyszczone i ugotowane krewetki, posypać drobno posiekaną natką pietruszki. Doprawić do smaku solą i pieprzem. Potrawę podawać z ryżem ugotowanym na sypko.

Powrót do Edenu
1 porcja – 270 kcal

◇ 6 ziemniaków, ◇ ½ słoiczka ostryg,
◇ 20 dag wędzonego łososia w plastrach, ◇ 2 ½ dag czerwonego kawioru,
◇ 1 łyżka oliwy, ◇ 5 dag rukoli, ◇ 1 awokado, ◇ ¼ szkl. śmietany,
◇ 2 łyżki posiekanego szczypiorku, ◇ 2 łyżki soku z cytryny, ◇ sól

Ziemniaki umyć, ugotować w wodzie lub na parze, tak aby były jeszcze lekko twarde. Nagrzać piekarnik do temperatury 250°C. Blaszkę posmarować oliwą. Ziemniaki pokroić na połówki. Układać przekrojoną częścią do góry, wierzch posmarować oliwą. Piec około 15 minut.

Na talerzu ułożyć dekoracyjnie pieczone ziemniaki, rukolę, plastry łososia, ostrygi i kawior. Obrać awokado, usunąć pestkę, miąższ pokroić na kawałki. Do miseczki włożyć awokado, szczypior, wlać śmietanę, sok z cytryny i zmiksować składniki. Doprawić solą. Przygotowanym sosem polać ziemniaki i pozostałe składniki. Podawać, gdy ziemniaki są ciepłe.

Mule po marynarsku
1 porcja – 340 kcal

◇ *1 kg świeżych małży,* ◇ *2 szalotki,*
◇ *2 łyżki masła,* ◇ *³/₄ szkl. białego wina,*
◇ *bouquet garni (związane gałązki natki pietruszki, tymianku i listek laurowy),*
◇ *³/₄ szkl. śmietany,* ◇ *3 łyżki natki pietruszki,* ◇ *2 ząbki czosnku*

Oczyścić małże, odrzucić te, które nie zmykają się pod wpływem dotyku. Włożyć na godzinę do zimnej wody. Stopić masło, zeszklić posiekaną cebulę i czosnek. Wlać wino, dodać bouquet garni, zagotować. Wsypać mule, gotować kilka minut, kilkakrotnie potrząsając garnkiem. Wyrzucić zamknięte małże. Wyjąć zioła, wywar odparować do połowy, zagotować ze śmietaną. Przyprawić do smaku, wymieszać z natką pietruszki. Gotowym sosem polać mule. Podawać gorące.

Łososiowe kąski
1 porcja – 350 kcal

◇ *1 kg sprawionych filetów z łososia,* ◇ *2 marchewki,* ◇ *2 szalotki,*
◇ *150 ml białego wina,* ◇ *150 ml octu winnego,* ◇ *³/₄ szkl. oliwy,*
◇ *sok z 1 cytryny,* ◇ *1 listek laurowy,* ◇ *1 łyżeczka ziaren pieprzu*
(różowego, czarnego i białego), ◇ *jagody jałowca,* ◇ *2 łyżki soli,*
◇ *po 1 łyżce posiekanej natki pietruszki,* ◇ *trybuli i koperku*

Marchew obrać, umyć, osuszyć i pokroić w cienkie plastry. Szalotki oczyścić, pokroić w cienkie krążki. Wino zagotować z octem, sokiem z cytryny, marchewką, szalotką, listkiem laurowym, ziarnami pieprzu, jagodami jałowca i solą, odstawić na 24 godziny. Rybę wyjąć z marynaty, osuszyć. Włożyć do miski, zalać oliwą i odstawić na 4 godziny. Rybę wyjąć, pokroić w paski i ładnie ułożyć na półmisku. Polać marynatą i posypać zieleniną.

Kalmary z papryką
1 porcja – 560 kcal

❖ 2 tuszki kalmarów, ❖ 1 zielona papryka, ❖ 2 szkl. oleju, ❖ 1 łyżka jasnego sosu sojowego, ❖ ¹/₂ łyżeczki posiekanego korzenia imbiru, ❖ 1 łyżeczka oleju sezamowego, ❖ sól i pieprz

Tuszki kalmarów umyć, osączyć, rozciąć, ułożyć płasko na desce, skórą do dołu. Ostrym nożem naciąć (w drobną kratkę) do połowy grubości. Następnie ponacinane tuszki pokroić w kwadraty o boku 4 cm. Paprykę umyć, osączyć, oczyścić z gniazda nasiennego i pokroić w nieco mniejsze kwadraty. Olej rozgrzać, wrzucić pokrojonego kalmara. Kawałki kalmara pod wpływem gorącego oleju przybiorą kształt szyszek. Po 30 sekundach dodać paprykę, smażyć dalsze 30 sekund. Dokładnie osączyć.

Na łyżce oleju przesmażyć lekko imbir, dodać szybko kalmary, paprykę i pozostałe składniki. Smażyć 30 sekund na dużym ogniu, stale mieszając. Przed podaniem skropić olejem sezamowym. Podawać z ryżem ugotowanym na sypko.

Pasta krabowa
1 porcja – 138 kcal

◇ 1 puszka krabów, ◇ 2 opakowania twarożku wiejskiego, ◇ 2–3 ząbki czosnku, ◇ 2 łyżki posiekanego szczypiorku, ◇ 2 łyżki soku z cytryny, ◇ 3 łyżki keczupu, ◇ sos tabasco, ◇ 1 łyżeczka sosu worcester, ◇ 2–3 małe pomidorki, ◇ kilka gałązek koperku, ◇ sól

Czosnek obrać i posiekać, utrzeć z solą, wymieszać z twarożkiem, sokiem z cytryny, keczupem, sosami tabasco i worcester. Zmiksować z mięsem z krabów, wymieszać ze szczypiorkiem, przełożyć do salaterki. Przykryć i odstawić w chłodne miejsce na 2–3 godziny. Przed podaniem udekorować koperkiem i ćwiartkami pomidorów.

Rybka z tropikalnym akcentem
1 porcja – 420 kcal

◇ 40 dag filetów z łososia (bez skóry), ◇ 1 cytryna,
◇ po 40 dag białych i zielonych szparagów, ◇ sól, ◇ pieprz, ◇ mięta,
◇ po 5 cząstek mandarynek, ◇ pomarańczy i grejpfrutów (bez błonek),
◇ 15 dag pokrojonego na kawałki ananasa, ◇ 1 limetka, ◇ 4 łyżki oliwy,
◇ 4 łyżki sosu sojowego, ◇ ocet ryżowy do smaku,
◇ 5 listków świeżej mięty, ◇ 1 łyżeczka marynowanego imbiru

Filety opłukać, osuszyć, pokroić na 4 porcje. Oprószyć solą i pieprzem, skropić sokiem z cytryny. Usmażyć na patelni lub upiec na ruszcie. Ugotować szparagi. Owoce pokroić w kostkę, posiekać miętę i imbir. Inne składniki sosu utrzeć mikserem, dodać owoce, miętę i imbir. Wymieszać i przyprawić. Łososia ułożyć na szparagach, skropić tropikalnym sosem.

Grzanki z tatarem z łososia
1 porcja – 240 kcal

◇ 40 dag filetu z łososia (bez skóry), ◇ 1 pęczek koperku,
◇ sok z 1 cytryny, ◇ 2 łyżki oliwy z oliwek, ◇ $^3/_4$ szkl. śmietany,
◇ 1–2 łyżki startego chrzanu (ze słoika),
◇ 8 kromek pieczywa tostowego, ◇ sól i pieprz do smaku

Rybę opłukać i osuszyć, usunąć ości. Pokroić w bardzo drobną kosteczkę. Koperek umyć i osuszyć, usunąć grube łodyżki. Połowę koperku odłożyć do dekoracji, resztę drobno posiekać. Do ryby dodać posiekany koperek, sok z cytryny i oliwę, wymieszać. Tatara doprawić do smaku solą i pieprzem.

Śmietanę ubić, wymieszać z chrzanem, ewentualnie dodać sól i pieprz. Kromki chleba tostowego podpiec na złoty kolor i pokroić w trójkąty. Posmarować grzanki chrzanem śmietanowym, na każdą wyłożyć porcje tatara z łososia. Udekorować kleksem chrzanu i koperkiem.

Szaszłyki krewetkowo-selerowe
1 porcja – 240 kcal

◇ *12 oczyszczonych krewetek królewskich,* ◇ *4 łodygi selera naciowego,*
◇ *1 ząbek czosnku,* ◇ *3 cm korzenia świeżego imbiru,*
◇ *3 pomarańcze,* ◇ *100 ml białego wytrawnego wina,*
◇ *3 łyżki płynnego miodu,* ◇ *1 łyżeczka mąki ziemniaczanej,*
◇ *10 ziaren czarnego pieprzu,* ◇ *1 łyżeczka słodkiej papryki*

Sporządzić marynatę: czosnek i imbir posiekać. Pieprz utłuc w moździerzu. Wycisnąć sok z pomarańczy, połączyć z winem i miodem. Do marynaty dodać paprykę, czosnek, imbir i pieprz, polać krewetki. Odstawić do lodówki na 3 godziny. Seler pokroić na kawałki. Krewetki osączyć, a do marynaty włożyć kawałki selera. Po kilku minutach wyjąć, nabić na wykałaczki na przemian z krewetkami. Ułożyć na ruszcie i piec 6–8 minut, kilkakrotnie odwracając. Mąkę ziemniaczaną rozprowadzić w 3 łyżkach wody. Wlać do wrzącej marynaty. Ciągle mieszając, jeszcze raz zagotować. Sosem polać szaszłyki.

Roladki rybne w cieście
1 porcja – 630 kcal

◇ *15 dag filetu z łososia,* ◇ *15 dag filetu z soli,* ◇ *sok z $^{1}/_{2}$ cytryny,*
◇ *10 dag ugotowanych krewetek,* ◇ *1 szalotka,* ◇ *1 żółtko,*
◇ *$^{1}/_{2}$ szkl. śmietany,* ◇ *2 zielone płaty lasagne,* ◇ *2 pomarańcze,*
◇ *3 łyżki masła,* ◇ *100 ml białego wina,* ◇ *sól i pieprz*

Filety łososia i soli opłukać, osuszyć, przekroić wzdłuż na pół, doprawić solą, skropić sokiem z cytryny. 5 dag krewetek posiekać. Szalotkę obrać i pokroić w drobną kostkę, zmiksować z posiekanymi krewetkami, żółtkiem i 3 łyżkami śmietany. Masę krewetkową doprawić solą i pieprzem, chłodzić około 30 minut. Na każdym plastrze łososia położyć plaster soli, następnie posmarować masą krewetkową, ułożyć po 1 krewetce. Filety zrolować. Płaty lasagne włożyć do wrzącej osolonej wody, gotować 4 minuty. Wyjąć, przelać zimną wodą i dokładnie osuszyć. Każdą roladę rybną zawinąć w 1 płat lasagne. Roladki położyć na natłuszczonym talerzu stroną złożenia ciasta do dołu. Do dużego garnka wlać około 3 cm wody. Wodę zagotować. Na garnku postawić talerz z roladami, przykryć. Roladki dusić na parze około 15 minut. W tym czasie jedną pomarańczę sparzyć i zetrzeć z niej skórkę w cienkie wiórki, z owocu wycisnąć sok. Drugą pomarańczę grubo obrać i wyfiletować.

W garnku roztopić masło (powinno się spienić). Wlać białe wino i sok pomarańczowy, gotować około 15 minut. Następnie dodać skórkę z pomarańczy i resztę śmietany. Wymieszać, gotować na małym ogniu około 5 minut. Sos doprawić do smaku solą i świeżo zmielonym pieprzem. Roladki wyjąć z garnka, wyłożyć na podgrzane talerze. Podać z sosem pomarańczowym i cząstkami pomarańczy.

Ostrygi z grilla
1 porcja – 170 kcal

◇ *4 ostrygi,* ◇ *2 gałązki koperku,*
◇ *3 łyżki gotowego sosu holenderskiego,*
◇ *3 łyżki płatków kukurydzianych,* ◇ *10 dag roszponki,*
◇ *2 łyżki soku z cytryny,* ◇ *3 łyżki sherry,*
◇ *2 łyżki oliwy,* ◇ *sól*

Ostrygi umyć, otworzyć, skropić sokiem z cytryny. Polać sosem holenderskim, posypać płatkami kukurydzianymi. Zapiec na grillu. Roszponkę umyć, polać sosem z soku z cytryny, sherry i oliwy. Sos można doprawić do smaku solą. Na środku „zieleniny" ułożyć po 2 ostrygi.

Zakochana rybka rozkoszy
1 porcja – 374 kcal

◇ *1 kg karpia,* ◇ *20 dag włoszczyzny bez kapusty,*
◇ *1 szkl. wody,* ◇ *1 szkl. jasnego piwa,* ◇ *1 łyżka masła,*
◇ *1 łyżka mąki,* ◇ *1 łyżka rodzynek,*
◇ *1 łyżka migdałów,* ◇ *2 łyżki powideł śliwkowych,*
◇ *3 łyżki startego piernika,* ◇ *sól,* ◇ *cukier i starty imbir do smaku,*
◇ *1–2 ziarenka ziela angielskiego,*
◇ *1 listek laurowy,* ◇ *sok z ¹/₂ cytryny*

Warzywa obrać, opłukać i pokroić. Ugotować w osolonej wodzie. Oczyszczonego i wypatroszonego karpia pokroić w poprzek na dzwonka. Zalać wywarem i piwem. Dodać przyprawy i zagotować na małym ogniu. Miękką rybę wyjąć, a wywar przecedzić. Sparzyć i obrać migdały. Masło z mąką zasmażyć, nie rumieniąc, rozprowadzić wywarem, szybko mieszając trzepaczką. Zagotować. Dodać powidła, rodzynki, migdały i rybę. Posypać piernikiem. Doprawić i gotować na małym ogniu około 30 minut. Rybę polać sosem i podawać z sałatkami.

Kalmary w chrupiącej skórce
1 porcja – 470 kcal

◇ *40 dag oczyszczonych surowych kalmarów,*
◇ *4 łyżki mąki pszennej,* ◇ *1 cytryna,*
◇ *1 ¹/₂ szkl. oleju, sól i pieprz*

Kalmary umyć, osuszyć, pokroić w pierścienie, lekko posolić i popieprzyć. Następnie obtoczyć je w mące i krótko smażyć na oleju. Gotowe ułożyć na talerzu. Cytrynę pokroić w cząstki. Z dwóch cząstek wycisnąć sok i skropić kalmary, pozostałe cząstki ułożyć na brzegu talerza. Podawać z zieloną sałatą.

Szaszłyki z flądry z sosem fenkułowo-szafranowym
1 porcja – 455 kcal

◇ 8 filetów z flądry (po około 10 dag),
◇ po kilka kropli soku z cytryny i sosu worcester,
◇ 1 cukinia, ◇ 1 żółta papryka,
◇ 10 dag pomidorków koktajlowych,
◇ 1 łyżeczka zmielonej kolendry, ◇ 100 ml białego wina,
◇ 400 ml bulionu warzywnego, ◇ 1 szalotka,
◇ 4 małe fenkuły (kopry włoskie),
◇ 1 listek laurowy, szczypta szafranu, ◇ 1 szkl. śmietany,
◇ łyżka mąki ziemniaczanej, ◇ 3 łyżki oliwy,
◇ sól i pieprz do smaku, ◇ gałązki ziół do dekoracji

Filety z flądry opłukać, osuszyć, skropić sokiem z cytryny i sosem worcester. Rybę doprawić solą i pieprzem, wstawić do lodówki, macerować 10–15 minut. Cukinię oczyścić, umyć, przekroić na pół i pokroić w plastry. Paprykę opłukać, przekroić, oczyścić z pestek, pokroić na kawałki. Pomidorki umyć, przekroić na pół. Filety rybne nabić na drewniane szpikulce wzdłuż, tak aby układały się w falbankę, w zagłębieniach umieszczając kawałki warzyw. Szaszłyki doprawić solą, pieprzem i zmieloną kolendrą.

Wino zagotować z bulionem. Szalotkę obrać, pokroić w kostkę. Bulwy kopru włoskiego umyć, przekroić na pół i usunąć głąby. Szalotkę, fenkuł i listek laurowy dodać do bulionu, gotować 12–15 minut. Fenkuł wyjąć, odstawić w ciepłe miejsce. Do wywaru dodać szafran i śmietanę, zagotować. Sos zagęścić mąką ziemniaczaną wymieszaną z odrobiną wody, doprawić solą, pieprzem, sokiem z cytryny i sosem worcester.

Na patelni rozgrzać oliwę. Włożyć szaszłyki, usmażyć. Podać z sosem fenkułowo-szafranowym. Ozdobić ziołami.

Krewetki w zielonym towarzystwie
1 porcja – 420 kcal

◇ 40 dag krewetek (mrożonych), ◇ 20 dag brokułów,
◇ 20 dag groszku cukrowego, ◇ 1 pęczek dymki,

◇ 1 żółta papryka, ◇ 1 mała papryczka chili,
◇ ½ szkl. białego wytrawnego wina,
◇ 3 łyżki oliwy, ◇ 1–2 ząbki czosnku,
◇ 1 łyżka posiekanych ziół (natki pietruszki, estragonu, bazylii),
◇ sól i pieprz

Brokuły podzielić na różyczki. Dymkę i czosnek posiekać. Paprykę i chili oczyścić, posiekać. Na patelni rozgrzać oliwę, włożyć rozmrożone krewetki i smażyć 3 minuty. Krewetki wyjąć, trzymać w cieple. Na patelnię wrzucić dymkę z czosnkiem, papryką i chili. Smażyć 2–3 minuty, cały czas mieszając. Dodać brokuły i groszek cukrowy. Smażyć razem kolejne 2 minuty, aż warzywa zmiękną, ale pozostaną jędrne. Podlać białym winem, doprawić ziołami, solą i pieprzem. Zagotować, odstawić z ognia. Włożyć krewetki i delikatnie wymieszać. Od razu podawać.

Mule w piwie
1 porcja – 250 kcal

◇ 1 kg dokładnie oczyszczonych muli (odrzucić wszystkie otwarte),
◇ 3 łyżki masła, ◇ 1 cebula, ◇ 2 łodygi selera naciowego,
◇ 1 puszka (45 dag) pomidorów w zalewie, ◇ 3 ząbki czosnku,
◇ 1 łyżeczka posiekanego tymianku, ◇ 1 listek laurowy,
◇ ½ łyżeczki soli, ◇ ¼ łyżeczki pieprzu, ◇ 2 szkl. ciemnego piwa,
◇ 1 łyżka musztardy, ◇ 2 łyżki gęstej śmietany,
◇ 1 łyżka posiekanej natki pietruszki

W dużym garnku rozgrzać masło. Gdy się spieni, wrzucić posiekaną cebulę, seler, pokrojone pomidory, czosnek, tymianek i listek laurowy. Przyprawić solą i pieprzem, gotować około 5 minut, cały czas mieszając. Wlać piwo, zagotować, włożyć mule. Gotować, od czasu do czasu potrząsając garnkiem, aż mule się otworzą (4–5 minut). Przełożyć do miski i odrzucić wszystkie, które się nie otworzyły po 6 minutach gotowania. Garnek zdjąć z ognia, wlać śmietanę, wymieszaną z musztardą, wsypać natkę pietruszki. Mieszać, aż wszystkie składniki się połączą. Usunąć listek laurowy, mule polać sosem i od razu podawać.

Koktajl z krewetek
1 porcja – 230 kcal

◇ *10 sztuk ugotowanych i obranych krewetek,* ◇ *¹/₂ główki sałaty lodowej,*
◇ *¹/₂ łyżki musztardy,* ◇ *¹/₂ szkl. oliwy,* ◇ *2 łyżki keczupu,*
◇ *¹/₂ łyżki octu winnego,* ◇ *1 żółtko,* ◇ *¹/₂ łyżki sosu worcester,*
◇ *1 łyżeczka sosu tabasco,* ◇ *1 łyżeczka soku z cytryny*

Zmiksować żółtko, musztardę, keczup, ocet winny, sos worcester, sos tabasco i sok z cytryny. Miksując, powoli wlewać oliwę. Sałatę oczyścić, opłukać i przekroić główkę na pół. Liście sałaty rozłożyć na talerzykach, na wierzchu położyć krewetki i polać sosem. Od razu podawać.

Kalmary z ricottą i szpinakiem
1 porcja – 320 kcal

◇ *4 kalmary,* ◇ *10 dag szpinaku,* ◇ *15 dag ricotty,* ◇ *2 cebule,*
◇ *20 dag krojonych pomidorów z puszki,* ◇ *200 ml bulionu,* ◇ *1 ząbek*
czosnku, ◇ *2 łyżki bułki tartej,* ◇ *4 łyżki oliwy,* ◇ *sól i pieprz do smaku*

Szpinak obgotować, odcisnąć, posiekać. Na 2 łyżkach oliwy zrumienić posiekaną cebulę i czosnek. Dodać szpinak, ricottę, bułkę tartą, wymieszać. Doprawić solą i pieprzem. Kalmary oczyścić, napełnić farszem. Spiąć wykałaczkami i obsmażyć na reszcie oliwy. Wlać bulion, dodać pomidory, gotować na wolnym ogniu pod przykryciem 35 minut. Podawać na gorąco.

Carpaccio z awokado z krewetkami
1 porcja – 390 kcal

◇ *12 dużych mrożonych krewetek,* ◇ *2 awokado,*
◇ *12 pomidorków koktajlowych,* ◇ *4 cebulki ze szczypiorem (dymki),*
◇ *20 dag fasolki szparagowej,* ◇ *1 łyżka oleju,*
◇ *2 łyżki octu balsamicznego,* ◇ *¹/₂ pęczka bazylii pokrojonej w paski,*
◇ *2 łyżki soku z cytryny,* ◇ *sól i pieprz do smaku*

Krewetki rozmrozić, umyć i osuszyć. Pomidorki umyć, pokroić w ćwiartki. Cebulki oczyścić, pokroić ukośne w cienkie krążki. Fasolkę oczyścić, umyć, ugotować w osolonej wodzie (powinna być jędrna). Odcedzić, przelać zimną wodą, osączyć. Na patelni rozgrzać olej. Dodać krewetki, krótko smażyć z obu stron, wyjąć. Na patelnię wrzucić fasolkę i cebulkę, poddusić. Dodać pomidorki, krótko dusić. Wlać ocet, dodać bazylię i krewetki, podgrzać, doprawić solą i pieprzem. Awokado przekroić na pół, usunąć pestki, obrać ze skórki, pokroić w cienkie plastry, ułożyć promieniście na talerzach, skropić sokiem z cytryny. Na owocach ułożyć krewetki z warzywami. Carpaccio można podać z bagietką.

Pieczone filety z piekła rodem
1 porcja – 280 kcal

◇ 4 filety rybne bez skóry (np. z dorsza), ◇ 2 cebule,
◇ 1 puszka pomidorów bez skórki, ◇ 5 cm świeżego imbiru,
◇ 1 cytryna, ◇ 2 papryczki chili, ◇ 3–4 ząbki czosnku,
◇ 3 łyżki ginu, ◇ 2 łyżki sosu sojowego,
◇ 2 łyżki oleju, ◇ 2 łyżki masła,
◇ mielona papryka, ◇ sól i pieprz do smaku

Fielety rybne opłukać, osuszyć papierowym ręcznikiem, posypać skórką otartą z cytryny, a następnie skropić wyciśniętym z niej sokiem oraz sosem sojowym wymieszanym z jałowcówką. Odstawić pod przykryciem do lodówki na 30 minut. W tym czasie cebulę i czosnek obrać, posiekać i zeszklić na rozgrzanym oleju. Dodać dokładnie rozgniecione widelcem pomidory z puszki wraz z zalewą, obrany i starty na tarce imbir oraz oczyszczone z pestek i drobno posiekane papryczki chili.

Doprawić mieloną papryką, solą oraz pieprzem i gotować, aż sos zgęstnieje. Filety rybne ułożyć w posmarowanej masłem żaroodpornej formie, polać je sosem. Wstawić do piekarnika rozgrzanego do temperatury 200°C i zapiekać filety rybne przez 20 minut.

Gejzer namiętności
1 porcja – 635 kcal

◇ *4 filety halibuta (lub innej ryby),* ◇ *6 dużych pomidorów,*
◇ *po 15 dag czerwonej i żółtej papryki oraz cukinii,*
◇ *3 łyżki oliwy,* ◇ *4 łyżki pomidorów pokrojonych w kostkę,*
◇ *¹/₄ łyżeczki posiekanego czosnku,*
◇ *2 duże bakłażany,* ◇ *3 szalotki,* ◇ *1 pęczek bazylii,*
◇ *po 300 ml wywaru rybnego i białego wina,* ◇ *³/₄ szkl. śmietany,*
◇ *1 łyżka mąki,* ◇ *3 łyżki schłodzonego masła,*
◇ *1 łyżeczka soku z cytryny,* ◇ *pieprz cayenne,* ◇ *pieprz,*
◇ *sól,* ◇ *po szczypcie posiekanego rozmarynu i tymianku*

Gotować wywar, wino, szalotkę w plastrach i śmietanę, tak by pozostało około 300 ml. Wywar przetrzeć przez sito. Mąkę podsmażyć na 1 łyżce masła. Do mąki wlać wywar rybny, zagotować, ciągle mieszając. Dodać resztę masła, zmiksować. Sos doprawić sokiem z cytryny, pieprzem czarnym i cayenne.

Pomidory obrać, usunąć gniazda nasienne i pokroić w kostkę. Pozostałe szalotki pokrojone w kostkę zeszklić na łyżce oliwy. Dodać pomidory i bazylię, poddusić. Doprawić do smaku solą i pieprzem, odcedzić.

Plastry bakłażanów obsmażyć na patelni. Ułożyć na blasze przykrytej papierem do pieczenia tak, by plastry zachodziły na siebie. Na bakłażanach ułożyć rybę, wyłożyć na nią połowę listków bazylii. Następnie rozłożyć duszone warzywa, przykryć je bazylią. Zwinąć plastry bakłażana. Posmarować oliwą, piec 20 minut. Roladę posypać świeżymi ziołami, pokroić w plastry i od razu podawać.

Morskie przysmaki pod pomidorową pierzynką
1 porcja – 460 kcal

◇ *70 dag filetów z ryb,* ◇ *20 dag pierścieni z kalmarów,*
◇ *12 dużych sprawionych krewetek,* ◇ *12–15 muli,*
◇ *2 cebule,* ◇ *4 duże pomidory,*
◇ *2 kromki chleba,* ◇ *¹/₂ szkl. białego wytrawnego wina,*
◇ *5–6 łyżek oliwy,* ◇ *3 ząbki czosnku,*

112

◇ 1 łyżka koncentratu pomidorowego,
◇ 1 łyżka posiekanych migdałów, ◇ sól i pieprz do smaku

Ryby i owoce morza opłukać. Mule wyszorować. Na patelni rozgrzać oliwę, partiami smażyć ryby i ułożyć je w naczyniu do zapiekania. Następnie przez 2–3 minuty smażyć kalmary i krewetki. Dołożyć do filetów. Wlać na patelnię wino, zagotować, włożyć mule, dusić 5 minut. Dodać do potrawy, wyrzucając te, które się nie otworzyły. Cebulę posiekać, zeszklić na łyżce oliwy. Dodać obrane i pokrojone pomidory, koncentrat pomidorowy wymieszany z ¹/₃ szklanki wody, sól i pieprz. Gotować, aż pomidory się rozpadną. Sosem polać ryby i owoce morza. Zapiekać 15 minut w temperaturze 180°C. Chleb bez skórki zmiksować z czosnkiem, migdałami i łyżką oliwy. Posypać wierzch potrawy i jeszcze raz zapiec.

Małże w sosie z białego wina
1 porcja – 690 kcal

◇ 1 kg świeżych małży (muli), ◇ 1 szalotka, ◇ 2 ząbki czosnku,
◇ 2 łyżki oliwy, ◇ 20 ml wermutu, ◇ 250 ml wywaru rybnego,
◇ 1 łyżka drobno pokrojonej natki pietruszki, ◇ 3 łyżki masła,
◇ sól i pieprz, ◇ 1 pęczek mieszanych świeżych ziół, ◇ bagietka

Małże oczyścić, oskrobać, odciąć tzw. brody, dokładnie wyszorować szczoteczką pod bieżącą zimną wodą. Otwarte muszle wyrzucić. Szalotkę i ząbek czosnku obrać i posiekać. W dużym garnku rozgrzać oliwę. Dodać szalotkę i czosnek, poddusić. Dodać wermut, wino, wywar rybny i natkę pietruszki. Zagotować, wsypać mule. Garnek przykryć, mule gotować na dużym ogniu 7–8 minut. Co jakiś czas mocno wstrząsnąć garnkiem.
Masło włożyć do miseczki. Czosnek obrać i posiekać, dodać do masła. Masło oprószyć solą i pieprzem. Zioła opłukać, osuszyć, listki oderwać od gałązek, posiekać, też dodać do masła. Masło wymieszać. Bagietkę pokroić na kromki i uprażyć w tosterze. Małże wyjąć z wywaru łyżką cedzakową (te, które podczas gotowania się nie otworzyły, należy wyrzucić), wyłożyć na talerze. Polać wywarem z białego wina. Podać z grzankami posmarowanymi masłem ziołowym.

Ryba w aromatycznych ziołach

1 porcja – 400 kcal

◇ *po 2 wypatroszone i oskrobane makrele oraz pstrągi,*
◇ *kilka gałązek świeżego estragonu i natki pietruszki,*
◇ *4 listki laurowe,* ◇ *8 łyżek oliwy,*
◇ *1 łyżeczka ziół prowansalskich,*
◇ *sól i pieprz,* ◇ *2 cytryny*

Ryby umyć, natrzeć od wewnątrz solą i pieprzem. Wstawić do lodówki na około 10 minut. Sparzyć 1 cytrynę, osuszyć ją i pokroić na ćwiartki. Do środka każdej ryby włożyć po jednej cząstce cytryny, jednym listku laurowym i odrobinie świeżych ziół. Przygotować aromatyczny sos: wymieszać oliwę z solą, pieprzem i ziołami prowansalskimi. Sosem posmarować ryby i grillować je 15 minut, co pewien czas obracając i skrapiając oliwą. Podać z cząstkami drugiej cytryny.

Włoski przysmak z krewetek

1 porcja – 320 kcal

◇ *10 dag mrożonych (gotowanych) krewetek*
lub krewetek konserwowych,
◇ *10 dag raków konserwowych w zalewie.*
◇ *6 łyżek majonezu,* ◇ *2 łyżki keczupu,*
◇ *kilka kropel sosu tabasco,* ◇ *natka pietruszki,*
◇ *liście zielonej sałaty,* ◇ *sól i pieprz do smaku*

Wymieszać majonez, keczup, posiekaną natkę pietruszki, a następnie przyprawić kilkoma kroplami sosu tabasco, solą i pieprzem. Raki wyjąć z zalewy, opłukać i osączyć. Podobnie przygotować krewetki konserwowe. Mrożone – rozmrozić. Połączyć mięso z raków i krewetki z przygotowanym sosem. Delikatnie wymieszać. Podawać po schłodzeniu w czarkach koktajlowych na liściach sałaty.

Potrawy z mięsa

Musaka
1 porcja – 430 kcal

◇ *30 dag mielonego mięsa drobiowego,* ◇ *3 bakłażany,*
◇ *7 pomidorów,* ◇ *3 duże cebule,* ◇ *1 jajko,* ◇ *10 dag mozzarelli,*
◇ *4 łyżki oliwy,* ◇ *2 łyżki bułki tartej,* ◇ *1 ząbek czosnku,*
◇ *sól i pieprz do smaku,* ◇ *świeże zioła tymianku i bazylii*

Mięso wymieszać z jajkiem, 2 łyżkami bułki tartej, doprawić solą i pieprzem. Pomidory i obrane cebule pokroić w plasterki. Z bakłażanów ściąć końce i pokroić wzdłuż na cienkie plastry. Aby przy smażeniu nie nasiąkały zbyt olejem, należy na kilka godzin mocno je posolić albo namoczyć w solance. Następnie opłukać. Bakłażany obsmażyć na oliwie. Naczynie żaroodporne natłuścić oliwą, ułożyć warstwę bakłażanów, potem mięso, nakryć pomidorami i cebulą. Posypać zmiażdżonym czosnkiem, bazylią i tymiankiem oraz solą i pieprzem. Ułożyć kolejne warstwy. Na wierzchu powinny być plasterki pomidorów. Musakę nakryć plasterkami mozzarelli i zapiekać przez pół godziny w temperaturze 180°C. Gotowe danie udekorować świeżymi ziołami i od razu podawać.

Poczęstunek Szeherezady
1 porcja – 510 kcal

◇ *35 dag chudego mięsa jagnięcego,* ◇ *4 łyżki masła,* ◇ *1 cebula,*
◇ *10 dag suszonych moreli,* ◇ *5 dag rodzynek,* ◇ *2 ząbki czosnku,*
◇ *po 1/2 łyżeczki kurkumy, kolendry, kminku, imbiru,*
czarnego pieprzu, pieprzu cayenne

Morele namoczyć na noc w wodzie. Mięso opłukać, osuszyć, a następnie pokroić w kostkę. Smażyć je na maśle na brązowy kolor. Dodać obrany i drobno pokrojony czosnek, zioła, obraną i posiekaną cebulę oraz wodę, w której moczyły się morele. Doprowadzić do wrzenia i dusić na wolnym ogniu przez 1 ½ godziny, aż mięso będzie miękkie. Dodać morele, rodzynki i ponownie gotować do zmięknięcia owoców. Podawać ze świeżymi daktylami, plastrami świeżych gruszek i ryżem ugotowanym na sypko.

Carpaccio z cielęciny
1 porcja – 420 kcal

◊ 20 dag polędwiczki cielęcej, ◊ 15 dag pomidorków koktajlowych,
◊ 2 gałązki tymianku, ◊ 1 łyżka miodu, ◊ sok z ¹/₂ cytryny,
◊ 4 łyżki oleju orzechowego, ◊ sos winegret,
◊ kilka obranych orzechów włoskich, ◊ sól i pieprz do smaku

Mięso zawinąć w folię aluminiową, mrozić w zamrażarce 2 godziny. Pomidorki umyć, osuszyć, nakłuć. Tymianek opłukać, osuszyć, listki wymieszać z miodem, 2 łyżkami soku z cytryny, olejem, solą i pieprzem. Do sosu włożyć pomidorki. Półmisek schłodzić. Polędwicę cielęcą pokroić w cieniutkie plastry, ładnie rozłożyć na półmisku. Dodać pomidorki z sosem winegret, ewentualnie doprawić, posypać orzechami włoskimi. Carpaccio podać ze świeżą bagietką.

Kurczak curry z owocami
1 porcja – 450 kcal

◊ 60 dag piersi z kurczaka, ◊ 20 dag młodej marchewki, ◊ 2 gruszki,
◊ 2 jabłka, ◊ papryczka czuszka, ◊ 3 łyżki oleju, ◊ 100 ml białego wina,
◊ 1 szkl. śmietany 36%, ◊ szczypta cynamonu, curry, imbiru,
◊ biały pieprz i sól do smaku

Kurczaka umyć, osuszyć, pokroić w kostkę. Natrzeć imbirem, solą i pieprzem. Czuszkę oczyścić z pestek, drobno posiekać. Olej rozgrzać w rondlu, obsmażyć mięso. Dodać czuszkę, oprószyć curry, zalać winem, wymieszać, dusić 10 minut. Marchewkę oczyścić, pokroić na plasterki. Gruszki i jabłka obrać, pokroić na cząstki. Owoce razem z marchewką dodać do kurczaka, wlać śmietanę, dusić do miękkości (ok. 15 minut). Od czasu do czasu zamieszać. Przyprawić imbirem, cynamonem, pieprzem i solą.

Kąski z aromatem
1 porcja – 210 kcal

◊ 25 dag siekanej jagnięciny, ◊ 1 cebula,
◊ 1 ząbek czosnku, ◊ 1 łyżka masła,
◊ 2 łyżki oleju, ◊ sól, ◊ pieprz,
◊ cynamon, ◊ tymianek

Drobno posiekane mięso jagnięce wymieszać dokładnie ze zmiksowanymi: cebulą, czosnkiem i tymiankiem. Uformować kulki wielkości orzecha włoskiego, smażyć je na patelni na ostrym ogniu w mieszaninie masła i oleju. Obracać je tak, by obsmażyły się z każdej strony. Podawać gorące lub zimne delikatnie posypane zmielonym cynamonem. Półmisek udekorować cząstkami pomarańczy i świeżą miętą.

Przysmak na duży apetyt
1 porcja – 650 kcal

◊ 1 kg udźca jagnięcego bez kości, ◊ 8 łyżek oliwy,
◊ 10 dag bułki tartej, ◊ sól, ◊ pieprz, ◊ 2 ząbki czosnku,
◊ 1 łyżka musztardy, ◊ 3 łyżki posiekanej natki pietruszki,
◊ 1 szalotka, ◊ 40 dag pomidorów, ◊ 2 łyżki posiekanej bazylii

Mięso umyć, osuszyć, natrzeć solą i pieprzem, zwinąć i związać. Czosnek obrać, posiekać, wymieszać z 2 łyżkami oliwy, natką pietruszki, bułką tartą i musztardą. Piekarnik rozgrzać do 200°C. W brytfannie rozgrzać 6 łyżek oliwy. Włożyć mięso i obsmażyć na dużym ogniu. Udziec posmarować przygotowaną panierką, piec w piekarniku około 60 minut.

Szalotkę obrać, pokroić w kosteczkę. Pomidory umyć, pokroić w cząstki, doprawić solą i pieprzem, wymieszać z szalotką. Pieczeń pokroić w plastry, podać z sałatką pomidorową. Całość posypać pokrojonymi listkami bazylii.

Carpaccio „Cipriani"

1 porcja – 340 kcal

◇ *30 dag polędwicy wołowej,* ◇ *sok z 1 cytryny,* ◇ *6 łyżek oleju,*
◇ *1 karczoch (ze słoika),* ◇ *8 dag świeżo startego parmezanu,*
◇ *5 dag oczyszczonej rukoli,* ◇ *sól i pieprz do smaku*

Polędwicę zawinąć w folię spożywczą i mrozić około 20 minut. Następnie ostrym nożem pokroić w bardzo cienkie plastry. Włożyć je między kawałki folii spożywczej, ostrożnie rozbić płaską stroną tłuczka do mięsa, wyłożyć na schłodzone talerze.

Sok z cytryny dokładnie wymieszać z solą, dodać olej, wymieszać. Karczocha osączyć, rozgnieść widelcem, dodać do sosu, wymieszać. Przygotowanym sosem polać carpaccio. Posypać pieprzem, startym parmezanem, ozdobić rukolą.

Carpaccio można też przygotować w inny sposób: cienkie plastry wołowiny ułożyć na liściach sałaty, zwinąć, zawinąć w folię spożywczą, mrozić 10–15 minut. Roladę pokroić w plastry i od razu podawać.

Kurczak według przepisu z Potenzy

1 porcja – 530 kcal

◇ *1 kurczak,* ◇ *40 dag pomidorów,* ◇ *1 cebula,*
◇ *2 łyżki drobno pokrojonego selera naciowego,*
◇ *1 łyżka drobno pokrojonych liści bazylii,*
◇ *1 łyżka posiekanej natki pietruszki,* ◇ *1 szkl. białego wina,*
◇ *6 łyżek oliwy z oliwek,* ◇ *sól i pieprz cayenne*

Kurczaka opłukać, osuszyć i podzielić na 8 kawałków. Przez 5 minut smażyć w rondlu z łyżką oliwy. Następnie do rondla włożyć obraną i pokrojoną cebulę oraz pokrojony seler naciowy. Smażyć, polewając stopniowo winem. Przyprawić solą i pieprzem cayenne. Gdy wino odparuje, dodać obrane pokrojone na kawałki i rozgniecione pomidory. Gotować pod przykryciem na małym ogniu przez godzinę. Podlewać ciepłą wodą w miarę odparowywania sosu. Po zdjęciu z ognia wymieszać potrawę z bazylią i pietruszką. Podawać na gorąco.

Sznycelki z sarniny
1 porcja – 450 kcal

◇ 2 plastry sarniny z oczyszczonego udźca (po 10 dag),
◇ 5 dag białego pieczywa bez skórki, ◇ 1 jajko, ◇ 1 łyżka bitej śmietany,
◇ 1 łyżka mąki, ◇ po ¹/₂ łyżeczki posiekanego tymianku,
◇ rozmarynu i majeranku, ◇ 4 łyżki oleju, ◇ sól i pieprz

Sznycle umyć, osuszyć i rozbić tłuczkiem zwilżonym wodą. Pokrojony chleb przepuścić przez maszynkę. Jajko rozbić, wymieszać ze śmietaną. Sznycle przyprawić solą i pieprzem, obtoczyć w mące. Zmielony chleb wymieszać z posiekanymi ziołami. Mięso najpierw obtoczyć w jajku ze śmietaną, następnie w ziołach z pieczywem. Panierkę docisnąć.

Na patelni mocno rozgrzać olej, włożyć sznycle i smażyć z obu stron, aż nabiorą złocistobrązowego koloru i staną się chrupiące. Usmażone mięso jeszcze raz posolić. Sznycelki można udekorować listkami pietruszki. Wybornie smakują z risottem z borówkami.

Bażant w sosie porzeczkowym
1 porcja – 560 kcal

◇ 1 bażant, ◇ 10 dag słoniny, ◇ 1 ¹/₂ łyżki masła,
◇ 1 szkl. galaretki porzeczkowej, ◇ 1 łyżeczka musztardy,
◇ ¹/₂ szkl. białego wytrawnego wina, ◇ sól i pieprz, ◇ sok z 1 cytryny

Oczyszczonego i skruszałego bażanta umyć, ułożyć w misce, natrzeć solą i pieprzem. Słoninę pokroić w grube plastry i obłożyć nimi bażanta. Odstawić do lodówki na kilka godzin. Zdjąć słoninę. Połowę plastrów pokroić w słupki. Słupkami słoniny naszpikować tuszkę bażanta, ułożyć w brytfance wysmarowanej masłem. Wstawić do nagrzanego piekarnika, zrumienić, następnie obłożyć pozostałymi plastrami słoniny. Dopiec, skrapiając wodą i zmniejszając nieco dopływ ciepła. Miękkiego bażanta wyjąć z piekarnika, pokroić i ułożyć na półmisku, formując na kształt całej tuszki. Galaretkę porzeczkową rozgrzać z dodatkiem wytrawnego czerwonego wina i musztardy. Przyprawić solą, pieprzem i sokiem z cytryny. Bażanta polać gorącym sosem porzeczkowym. Podawać z zieloną sałatą.

Sos cumberland do pieczonej dziczyzny

Klasycznym sosem do dziczyzny jest sos cumberland. Skórki z 1 cytryny i 1 pomarańczy pokroić w cienkie paseczki i krótko blanszować w 6 łyżkach porto. 13 dag galaretki z czerwonych porzeczek wymieszać z 5 dag przetartego przez sitko kompotu z borówek, 2 łyżkami soku z pomarańczy, 1 łyżką soku z cytryny, ½ łyżeczki musztardy oraz szczyptą pieprzu cayenne i zmielonego imbiru. Dodać porto ze skórkami z owoców, wymieszać. Sos jest znakomitym dodatkiem do smażonych kotletów z dziczyzny, do pieczeni, pasztetów i rostbefu.

Bażant „Georgienne"
1 porcja – 610 kcal

◇ *1 bażant,* ◇ *100 ml soku pomarańczowego,*
◇ *50 ml soku winogronowego,*
◇ *100 ml białego wytrawnego wina,*
◇ *50 ml esencji z zielonej herbaty,* ◇ *sól,*
◇ *biały pieprz i sok z cytryny do smaku,*
◇ *tłuszcz do smażenia*

Sprawionego bażanta umyć, natrzeć przyprawami i pozostawić w chłodnym miejscu na godzinę. Następnie pokroić go na porcje, podsmażyć, zalać sokiem pomarańczowym, wymieszanym z sokiem winogronowym, winem i esencją z zielonej herbaty. Dusić na małym ogniu pod przykryciem. Miękkiego bażanta wyjąć, ułożyć na półmisku, polać doprawionym sosem. Podawać z zieloną sałatą.

Kuropatwy „Kostaryka"
1 porcja – 450 kcal

◊ 2 kuropatwy, ◊ 1 cebula,
◊ 1/2 szkl. białego wytrawnego wina,
◊ 2 pomidory, ◊ 10 oliwek, ◊ tłuszcz do smażenia,
◊ sól, ◊ pieprz, ◊ jałowiec i ziele angielskie do smaku

Sprawione kuropatwy umyć, przekroić na pół, natrzeć przyprawami i pozostawić w chłodnym miejscu na godzinę. Następnie zrumienić z obu stron z dodatkiem obranej i drobno pokrojonej cebuli, zalać winem i dusić na małym ogniu pod przykryciem. Pomidory umyć, sparzyć, obrać ze skórki i pokroić w cząstki. Oliwki wydrylować, pokroić w paseczki, dodać do tuszek pod koniec duszenia razem z pomidorami, doprawić do smaku. Podawać z zieloną sałatą.

Kuropatwy duszone
(stara receptura)

Dwie tuszki kuropatw po sprawieniu i posoleniu obtoczyć w mące i piec w piekarniku aż do uzyskania złocistego koloru, systematycznie podkładając masło. Upieczone kuropatwy dusić przez chwilę z pieczarkami. Gdy mięso będzie już dostatecznie miękkie, podzielić je na części i ułożyć na półmisku. Doprawionym mąką sosem polać wyłożone pieczarki i kuropatwy.

Miniszaszłyki na wzmocnienie
1 porcja – 570 kcal

◇ *25 dag mielonego mięsa drobiowego,* ◇ *¹/₂ cebuli,*
◇ *¹/₂ ząbka czosnku,* ◇ *1 jajko,* ◇ *1 łyżka bułki tartej,*
◇ *zioła prowansalskie,* ◇ *8 dużych listków szałwii,*
◇ *4 plasterki boczku,* ◇ *3 łyżki oleju,*
◇ *¹/₂ puszki kukurydzy,* ◇ *2 pomidory,*
◇ *¹/₂ żółtej papryki,* ◇ *1 łyżka octu balsamicznego,*
◇ *sól,* ◇ *sałata (najlepiej rzymska),*
◇ *szczypta cukru,* ◇ *pieprz*

Czosnek i cebulę obrać i posiekać. Mięso mielone wymieszać z jajkiem, bułką tartą, cebulą i czosnkiem. Przyprawić ziołami prowansalskimi, solą oraz pieprzem. Z masy uformować 8 małych kulek. Owinąć listkami szałwii. Na patelni bez tłuszczu wysmażyć boczek na chrupko. Wyjąć. Do wytopionego tłuszczu dodać 2 łyżki oleju. Wrzucić kuleczki i smażyć 10 minut. Wyjąć, lekko ostudzić. Osączyć kukurydzę, pomidory pokroić w plasterki, paprykę w paseczki. Porwać sałatę. Wymieszać przygotowane składniki. Ocet utrzeć z łyżką oleju, solą, cukrem i pieprzem. Polać sałatkę. Na patyczki do szaszłyków ponadziewać mięsne kuleczki i boczek. Sałatkę wyłożyć na półmisek, ułożyć na niej gorące szaszłyki.

Jagnięcina z szafranem
1 porcja – 420 kcal

◇ *50 dag jagnięciny bez kości,* ◇ *3 pomidory,* ◇ *szafran,*
◇ *2 gałązki rozmarynu,* ◇ *1 listek laurowy,* ◇ *1 pęczek natki pietruszki,*
◇ *2 ząbki czosnku,* ◇ *4 łyżki oliwy,* ◇ *sól i świeżo zmielony pieprz*

W brytfance rozgrzać oliwę, zrumienić jagnięcinę. Czosnek obrać, pokroić w plasterki. Pomidory sparzyć, obrać, pokroić w spore kawałki. Połowę pietruszki posiekać. Mięso oprószyć solą i pieprzem, dodać czosnek, pomidory, natkę, szybko podsmażyć. Dolać nieco wody, wrzucić listek laurowy i rozmaryn. Szafran rozprowadzić w niewielkiej ilości wody, wlać do brytfanki. Piec około 80 minut w temperaturze 180°C. Przed podaniem posypać resztą natki.

Szaszłyczki z ziołową nutką
1 porcja – 660 kcal

◇ *50 dag mięsa (np. jagnięciny z udźca, filetu z indyka),*
◇ *2 opakowania (po 13 dag) małych kuleczek mozzarelli,*
◇ *25 dag pomidorków koktajlowych,*
◇ *1 pęczek bazylii,* ◇ *1 pęczek tymianku,*
◇ *1 gałązka rozmarynu,* ◇ *3 ząbki czosnku,*
◇ *1 łyżka ziarenek pieprzu,* ◇ *sól i świeżo zmielony pieprz,*
◇ *$\frac{1}{2}$ l oliwy,* ◇ *4 małe cebule,*
◇ *20 dag bagietki,* ◇ *4 łyżki soku z limetki,*
◇ *listki bazylii do dekoracji*

Mozzarellę wyjąć z zalewy, opłukać, osuszyć. Pomidorki oczyścić, umyć, również dokładnie osuszyć. Zioła opłukać, otrzepać z wody. Porwać na małe gałązki lub poodrywać same listki od gałązek. Obrać jeden ząbek czosnku, posiekać. Czosnek wymieszać z ziołami i kulkami mozzarelli. Włożyć do słoika. Dosypać ziarenka pieprzu. Całość zalać oliwą tak, aby wszystkie składniki zostały przykryte. Odstawić na dobę do lodówki.

Mięso umyć, osuszyć, pokroić w kostkę. Obrać cebulę i pokroić na połówki. Mięso i cebulę nadziewać na przemian na szpilki do szaszłyków. Rozgrzać 3 łyżki przygotowanej ziołowej oliwy. Obrać resztę czosnku, 1 ząbek posiekać i dodać do tłuszczu. Włożyć szaszłyki, smażyć około 15 minut, kilkakrotnie obracając. Oprószyć solą i pieprzem.

Bagietkę rozkroić wzdłuż, połówki pokroić na skośne kawałki. Na patelni rozgrzać kolejne 3 łyżki ziołowej oliwy, dodać pozostały rozdrobniony czosnek. Włożyć kawałki pieczywa, obsmażać z dwóch stron na złocisty kolor. Na półmisku ułożyć grzanki, szaszłyczki i zamarynowaną mozzarellę z pomidorkami. Całość skropić sokiem z limetki. Potrawę udekorować listkami bazylii. Potrawę podawać z czerwonym winem.

Udziec jagnięcy z figami w sosie z czerwonego wina
1 porcja – 740 kcal

◇ 1 kg udźca jagnięcego bez kości,
◇ 3 dag orzeszków piniowych,
◇ 4 dag zielonych oliwek nadziewanych papryką,
◇ 1 cytryna, ◇ 2 ząbki czosnku,
◇ po 1 łyżce posiekanego rozmarynu i tymianku,
◇ 2 cebule, ◇ 4 suszone figi, ◇ 200 ml czerwonego wina,
◇ 300 ml bulionu mięsnego, ◇ sól i pieprz

Mięso opłukać, osuszyć, natrzeć solą i pieprzem. Orzeszki posiekać i uprażyć na suchej patelni (bez tłuszczu). Oliwki pokroić. Cytrynę sparzyć, zetrzeć skórkę. Czosnek obrać i posiekać, wymieszać z orzechami, oliwkami, skórką z cytryny i posiekanymi ziołami. Farsz wyłożyć na udziec od wewnętrznej strony. Mięso zwinąć i związać bawełnianą nicią.

Piekarnik rozgrzać do 220°C. Mięso włożyć do brytfanny i piec w piekarniku około 30 minut. Cebule obrać i pokroić w drobną kostkę. Figi pokroić tak samo, razem z cebulą ułożyć wokół mięsa. Następnie wlać wino i bulion. Temperaturę pieca zmniejszyć do 175°C. Mięso dusić jeszcze około 60 minut.

Pieczeń wyjąć i odstawić na 5 minut. Sos zmiksować, zagotować, doprawić. Podawać z pokrojonym mięsem. Do tak przygotowanej jagnięciny doskonale pasują szaszłyczki z usmażonych ziemniaków i kaparów, duszone brokuły i czerwone wino.

Udka w czerwonych koszulkach
1 porcja – 450 kcal

◇ 6 udek kurczaka, ◇ 3 średniej wielkości pomidory,
◇ 2 łyżki oliwy, ◇ 1 szczypta majeranku,
◇ 1 ząbek czosnku, ◇ 1 łyżka świeżych ziół, np. bazylii,
◇ 1 cebula, ◇ 1 łyżka masła,
◇ sól i pieprz do smaku

Sparzone pomidory i obraną cebulę pokroić w kostkę. Wymieszać w misce oliwę, pomidory, cebulę, przyprawy, obrany i drobno pokrojony czosnek. Następnie dodać pieprz i sól do smaku. Udka umyć i zanurzyć w zaprawie na 3 godziny. Rozgrzać masło i oliwę na patelni i smażyć udka z obu stron. Następnie dodać zaprawę i dusić około 30 minut. Wyłożyć na półmisek, przybrać świeżymi ziołami i przykryć talerzykiem. Podać po 10 minutach z ryżem ugotowanym na sypko lub z grzankami.

Ragoût zapiekane w chlebie
1 porcja – 530 kcal

◇ 40 dag jagnięciny, najlepiej łopatki,
◇ 1 ciemny okrągły chleb o wadze 1 kg, ◇ 8 listków laurowych,
◇ 4 gałązki tymianku, ◇ 3 ząbki czosnku,
◇ 10 dag czarnych oliwek bez pestek, ◇ czarny pieprz, ◇ sól,
◇ 6 łyżek oliwy z oliwek, ◇ 1 pęczek cebulki ze szczypiorkiem,
◇ 4 duże dojrzałe pomidory, ◇ 2 łyżki ziaren kolorowego pieprzu

Jagnięcinę umyć, pokroić w kostkę, doprawić solą i pieprzem. Na patelni rozgrzać łyżkę oliwy, włożyć mięso i krótko obsmażać, mieszając. Mięso przełożyć do miski. Czosnek obrać. Wymieszać 3 łyżki oliwy, listki laurowe, gałązki tymianku, ziarna kolorowego pieprzu i czosnek. Całość wymieszać.
Cebulki ze szczypiorem oczyścić i umyć. Odciąć większą część zielonego szczypioru, następnie każdą cebulkę przekroić wzdłuż. Pomidory sparzyć wrzątkiem, nieco przestudzić, a następnie obrać ze skórki. Przekroić je na pół, usunąć pestki, a miąższ pokroić w kostkę. Piekarnik rozgrzać do temperatury 150°C.
Odciąć górną część chleba, wykroić nożem miąższ. Chleb wypełnić mięsem. Nałożyć kawałki pomidorów i oliwki. Doprawić solą i pieprzem. Nałożyć odciętą uprzednio część chleba. Wypełniony chleb włożyć na natłuszczonej blasze do piekarnika na najniższą półkę. Zapiekać około 50 minut, aż mięso będzie gotowe.

Desery

Puchar szczęścia
1 porcja – 98 kcal

◇ *1 gruszka,* ◇ *¹/₂ mango,* ◇ *1 różowy grejpfrut,* ◇ *1 banan,* ◇ *1 kiwi,*
◇ *3 łyżki soku z cytryny,* ◇ *2 łyżki płynnego miodu,*
◇ *winogrona zielone i różowe,* ◇ *ew. 1 łyżeczka likieru owocowego,*
◇ *bita śmietana i melisa do dekoracji*

Wszystkie owoce umyć i dokładnie osuszyć. Obrać. Z mango i gruszki usunąć nasiona. Grejpfruta obrać, całkowicie usuwając białe skórki. Podzielić na cząstki. Zdjąć z każdej przezroczyste błonki. Winogrona poodrywać od gałązek. Pokroić na połówki, usunąć pestki. Banana i kiwi pokroić w grube plastry.

Sok z cytryny wymieszać z miodem (można dodać łyżeczkę likieru owocowego). Sosem polać owoce. Delikatnie wymieszać. Przełożyć do pucharków deserowych. Fantazyjnie udekorować bitą śmietaną i listkami melisy.

Creme brûlée
1 porcja – 330 kcal

◇ *6 żółtek,* ◇ *¹/₂ l śmietany kremówki,* ◇ *laska wanilii,* ◇ *9 łyżek cukru (najlepiej trzcinowego),* ◇ *masło do posmarowania foremek*

Kremówkę podgrzać z miąższem wanilii. Żółtka utrzeć z połową cukru. Do kogla-mogla wlewać powoli gorącą śmietanę. Cały czas mieszać. Masę nalać przez sitko do żaroodpornych foremek wysmarowanych masłem.

Piec 30 minut w temperaturze 160°C. Wystudzić, wstawić do lodówki. Przed podaniem posypać cukrem, chwilę zapiekać, aż cukier się skarmelizuje.

Czekoladowe fondue z owocami i ciasteczkami
1 porcja – 300 kcal

ptysiowe krążki: ◇ 20 dag mąki, ◇ 10 dag masła, ◇ 5 jajek, ◇ sól,
kruche serduszka: ◇ 20 dag mąki, ◇ 20 dag masła,
◇ 10 dag zmielonych migdałów, ◇ 10 dag cukru pudru,
◇ 2 żółtka, ◇ cytryna
biszkoptowe usteczka: ◇ 10 dag mąki ziemniaczanej,
◇ 15 dag mąki pszennej, ◇ 4 jajka, ◇ 18 dag cukru,
◇ torebka cukru waniliowego, ◇ 1 łyżeczka proszku do pieczenia
fondue: ◇ 45 dag czekolady deserowej,
◇ 2 ¹/₂ szkl. śmietany kremówki, ◇ 4 łyżki likieru pomarańczowego,
◇ 5 dag masła, ◇ 1 kg owoców
(np. wiśnie, truskawki, banany, mandarynki, gruszki, winogrona)

Ptysie: szklankę wody zagotować z masłem i szczyptą soli. Zmniejszyć ogień, wsypać mąkę i szybko utrzeć. Gdy ciasto zacznie odstawać od ścianek garnka, zdjąć je z ognia i lekko ostudzić. Ucierać, wbijając po jednym jajku, aż ciasto ostygnie. Włożyć do szprycy, wyciskać krążki na blachę wyłożoną papierem do pieczenia. Piec 15 minut w temperaturze 220°C.

Serduszka: Cytrynę sparzyć, zetrzeć skórkę i wycisnąć sok. Mąkę przesiać z migdałami na stolnicę, wbić żółtka, wsypać cukier puder. Dodać pokrojone na kawałki masło, skórkę i sok z cytryny, szybko zagnieść ciasto. Owinąć folią, wstawić na 30 minut do lodówki. Ciasto rozwałkować na cienki placek, foremką w kształcie serduszka wyciąć ciasteczka, ułożyć na blasze, piec 10–12 minut w temperaturze 200°C.

Usteczka: żółtka oddzielić od białek, utrzeć z połową cukru i cukrem waniliowym na puszystą masę. Mąkę pszenną, ziemniaczaną i proszek przesiać, wymieszać. Dodawać po łyżce do masy, cały czas mieszając. Z piany ubić sztywną pianę, pod koniec ubijania wsypać pozostały cukier. Pianę delikatnie wymieszać z masą żółtkową. Ciasto nałożyć łyżką na natłuszczoną blachę, formując ciasteczka w kształcie usteczek. Piec około 12 minut w temperaturze 180°C.

Fondue: czekoladę połamać na kawałki. Do naczynia do fondue włożyć czekoladę, wlać śmietanę i likier, podgrzewać na małym ogniu, cały czas mieszając, aż czekolada się stopi. Dodać masło, mieszać, aż się stopi. Wiśnie, truskawki i winogrona umyć, osączyć, usunąć szypułki i łodyżki. Mandarynki obrać, podzielić na cząstki. Banany i gruszki obrać, pokroić na plasterki. Naczynie z gorącą masą czekoladową umieścić na podgrzewaczu. Ciasteczka i owoce nadziewać na szpikulce i zanurzać w gorącej czekoladowej masie.

Funkcję zestawu do fondue może pełnić ładna żaroodporna miska, którą wystarczy postawić np. na podgrzewaczu do herbaty.

Czekoladowe śliweczki
1 porcja – 310 kcal

◇ 50 dag śliwek, ◇ 15 dag migdałów,
◇ 2 tabliczki mlecznej czekolady, ◇ ¹/₂ szkl. śmietany

Śliwki podzielić na połówki, wypestkować. Migdały sparzyć, obrać. Czekoladę roztopić w kąpieli wodnej, zmiksować z gorącą śmietanką. Śliwki zanurzać kolejno w czekoladzie, układać na nich migdały. Odkładać do zastygnięcia.

Prosto z raju
1 porcja – 318 kcal

◇ 6 jabłek, ◇ ¹/₂ szkl. miodu,
◇ 1 łyżka masła, ◇ ¹/₂ szkl. posiekanych fig,
◇ ¹/₂ szkl. posiekanych migdałów lub orzechów,
◇ ew. 1 łyżka konfitury śliwkowej

Masło utrzeć z miodem, dolewając około ¹/₃ szkl. wody. Jabłka umyć, ściąć wierzchy, wydrążyć gniazda nasienne. Figi wymieszać z migdałami (można dodać łyżkę konfitury śliwkowej). Następnie nadziać nimi wydrążone jabłka. Owoce ułożyć w żaroodpornym naczyniu, polać przygotowanym miodowym sosem. Całość piec w piekarniku nagrzanym do temperatury 200°C, tak długo, aż jabłka będą miękkie. W trakcie pieczenia jabłuszka kilka razy polać sosem zbierającym się na dnie naczynia. Gotowe jabłka wyjąć. Ostudzić, a następnie wstawić do lodówki na 30–40 minut.

Śmietankowa rozkosz
1 porcja – 380 kcal

◇ *2 małe opakowania gęstego jogurtu naturalnego,*
◇ *¹/₂ szkl. gęstej śmietany,* ◇ *1 łyżka miodu,*
◇ *1 łyżka konfitury brzoskwiniowej,*
◇ *1 brzoskwinia,* ◇ *1 mango,* ◇ *1 banan,*
◇ *2 łyżki mleka kokosowego (niekoniecznie),*
◇ *sok cytrynowy,* ◇ *szczypta cynamonu,*
◇ *do dekoracji egzotyczne owoce, np. kumkwat, limonka,*
karambola, ◇ *listki melisy lub mięty,* ◇ *wiórki kokosowe*

Obrać mango i brzoskwinię ze skórki, pokroić na małe cząstki i skropić sokiem z cytryny, by nie ściemniały. Śmietanę, jogurt i konfiturę brzoskwiniową zmiksować z łyżką miodu i bananem, dodać syrop kokosowy i odrobinę cynamonu. Wstawić tę mieszankę do lodówki. W tym czasie zmiksować mango z brzoskwinią na gładki i gęsty mus. Podawać w schłodzonych koktajlowych szklankach. Na dnie umieścić warstwę śmietankową, na nią delikatnie wyłożyć mus owocowy, a na wierzchu ponownie warstwę mlecznego koktajlu. Udekorować kawałkami egzotycznych owoców, np. karambolą, limonką i kumkwatem, listkiem melisy lub mięty oraz wiórkami kokosowymi.

Sama słodycz

1 porcja – 598 kcal

◇ po 2 łyżki brązowego cukru i kakao,
◇ 30 dag serka homogenizowanego,
◇ 6 łyżek gotowego kremu czekoladowego,
◇ 15 dag lekko ubitej śmietanki 30%, ◇ 2 łyżki brandy,
◇ 2 białka, ◇ kilka kropli soku z cytryny, ◇ kakao,
◇ czekoladowe serca, ◇ wisienki koktajlowe do dekoracji

Serek homogenizowany i krem czekoladowy utrzeć z dodatkiem cukru na gładką, jednolitą masę. Następnie dodać lekko ubitą śmietankę i brandy. Delikatnie wymieszać. Białka ubić na sztywną pianę (aby łatwiej się ubijała, dodać 2–3 krople soku z cytryny). Sztywną pianę delikatnie (aby nie uszkodzić jej struktury) wymieszać z masą czekoladową. Powstały mus przełożyć do pucharków deserowych. Wstawić na 30 minut do lodówki. Przed podaniem udekorować kakao, czekoladowymi serduszkami i wisienkami.

Owocowa ekstaza

1 porcja – 420 kcal

◇ 50 dag jasnych winogron bez pestek, ◇ 5 łyżek cukru,
◇ 5 dag obranych całych migdałów,
◇ 15 dag ciemnych winogron bez pestek, ◇ 3 gałązki mięty,
◇ 1 laska wanilii, ◇ 1 szkl. śmietany kremówki,
◇ 1–2 łyżeczki nalewki malinowej lub białego rumu

Do garnka wsypać 4 łyżki cukru i wlać 5 łyżek wody, skarmelizować. Dodać obrane całe migdały, wymieszać z karmelem. Masę karmelową rozsmarować na pergaminie i pozostawić do wystudzenia. Jasne i ciemne winogrona bez pestek umyć, osuszyć i każdy owoc przekroić na pół. Miętę starannie opłukać, osuszyć, kilka listków odłożyć do dekoracji. Resztę listków mięty i winogrona ułożyć w czterech salaterkach lub głębokich miseczkach.
Laskę wanilii rozciąć, wyjąć rdzeń. Śmietanę kremówkę ubić z wanilią, wsypać pozostały cukier, doprawić nalewką malinową lub rumem. Zasty-

głą masę karmelową z migdałami połamać na kawałki. Na winogrona wyłożyć porcje bitej śmietany, deser udekorować masą karmelową oraz listkami mięty.

Zabaione
1 porcja – 350 kcal

◇ *4 żółtka, ◇ 10 dag cukru,*
◇ *200 ml marsali*

Żółtka ubić na jednolitą masę z cukrem w stalowej misce, stopniowo dodać wino, dokładnie wymieszać. Masę z kremem wstawić do garnka wypełnionego gotującą się wodą. Podgrzewać w kąpieli wodnej, jednocześnie ubijać trzepaczką lub mikserem ręcznym tak długo, aż masa w misce zgęstnieje. Następnie naczynie z kremem wstawić do garnka lub rondla wypełnionego zimną wodą, ciągle mieszając ostudzić krem. Schłodzony krem rozłożyć do płaskich miseczek lub pucharków. Przed podaniem posypać odrobiną kakao.

Deser namiętności
1 porcja – 450 kcal

◇ *8 dag mlecznej czekolady, ◇ 4 łyżki mleka,*
◇ *1 łyżka przyprawy do pierników, ◇ 3 żółtka,*
◇ *300 ml śmietany, ◇ 5 dag białej czekolady,*
◇ *20 ml cointreau*

Czekoladę mleczną posiekać, roztopić w mleku. Wlać do miski, dodać przyprawę do pierników i żółtka, wymieszać i wystudzić. 200 ml śmietany ubić, dodać do masy czekoladowej, gładko wymieszać. Mus przykryć, chłodzić 8 godzin. Białą czekoladę posiekać, rozpuścić w 3 łyżkach gotującej się śmietany. Zdjąć z ognia, wlać resztę śmietany, wymieszać, dodać likier cointreau. Na talerze deserowe wyłożyć po 2 porcje musu i dokoła oblać sosem czekoladowym. Podać np. z ciastkami migdałowymi.

Chwileczka zapomnienia
1 porcja – 400 kcal

◇ 4 banany, ◇ 2 łyżki masła, ◇ 2 kieliszki wiśniówki,
◇ 3 dag miodu, ◇ ¹/₂ tabliczki czekolady,
◇ do dekoracji gwiazdki anyżku lub listki mięty

Banany obrać ze skórki i podzielić na połowy, przekrajając ukośnie. Naczynie do zapiekania dokładnie posmarować masłem, ułożyć w nim banany i polać miodem. Piekarnik rozgrzać do temperatury 170–180°C i wstawić do niego naczynie z bananami. Podczas pieczenia ostrożnie odwracać banany i polewać je miodem.
Banany nie mogą się piec zbyt długo – zwykle trwa to od 10 do 15 minut. Ponieważ zbyt dojrzałe banany mogą się rozpaść w trakcie pieczenia, należy przy zakupie wybierać mniej dojrzałe owoce. Po upieczeniu banany ostrożnie wyjąć z naczynia, ułożyć na półmisku i skropić wiśniówką. Deser podawać na gorąco, polany stopioną czekoladą. Można go udekorować gwiazdką anyżku lub listkiem mięty.

Słodkie wyznanie
1 porcja – 340 kcal

◇ 2 szkl. mleka, ◇ 1 szkl. listków mięty, ◇ 6 żółtek, ◇ 6 łyżek cukru,
◇ 2 łyżki likieru miętowego, ◇ starta gorzka czekolada

Mleko zagotować z miętą i podgrzewać na niewielkim ogniu przez pół godziny, aby przeszło smakiem mięty. Odcedzić. Żółtka ubić z cukrem na białą masę. Garnek z masą postawić na niewielkim ogniu i stopniowo dolewać do niego mleko, cały czas ubijając masę trzepaczką (nie gotować!). Na koniec wlać likier miętowy i wymieszać. Deser posypany wiórkami gorzkiej czekolady podawać na ciepło lub na zimno.

Brzoskwiniowa fantazja
1 porcja – 360 kcal

❖ 2 dojrzałe brzoskwinie, ❖ 2 łyżeczki cukru,
❖ ¹/² łyżeczki cynamonu,
❖ ❖ 300 ml czerwonego wina, ❖ ¹/² szkl. śmietany

Brzoskwinie obrać, przepołowić i usunąć pestki. Włożyć do małego rondla z cukrem, cynamonem i winem. Doprowadzić do wrzenia i gotować na wolnym ogniu 10 minut. Wyjąć owoce, ułożyć w każdym naczyniu po dwie połówki, a płyn ugotować na syrop. Polać nim brzoskwinie, schłodzić i podawać z ubitą śmietaną.

Gruszki „Piękna Helena"
1 porcja – 310 kcal

❖ 2 dojrzałe gruszki, ◇ 1 szkl. wody,
❖ 150 ml lodów waniliowych,
◇ 1 łyżka cukru, ◇ laska wanilii,
❖ 5 dag gorzkiej czekolady, ◇ 1 łyżka masła,
❖ 3 dag prażonych łuskanych migdałów

Gruszki obrać ze skórki i usunąć z nich gniazda nasienne. Pozostawić w całości. Nalać wody do naczynia wystarczająco dużego, aby zmieściły się w nich gruszki ustawione pionowo. Dodać cukier i wanilię, doprowadzić do wrzenia i gotować na wolnym ogniu 5 minut. Włożyć gruszki i gotować ostrożnie, aż zmiękną. Pozostawić do wystygnięcia, a następnie ułożyć w miseczkach i polać syropem. Każdą gruszkę obłożyć łyżką lodów, tak by owoc znajdował się pośrodku.

Rozpuścić czekoladę, dodać masło i mieszać, aż masa stanie się gładka. Gorącą masą polać gruszki. Posypać posiekanymi prażonymi migdałami.

Owocowe rozmaitości pod czekoladką

1 porcja – 240 kcal

◇ *6 truskawek,* ◇ *1 małe jabłko,* ◇ *1 mała gruszka,*
◇ *¹/₄ melona,* ◇ *¹/₂ małej puszki brzoskwiń,* ◇ *¹/₄ tabliczki czekolady,*
◇ *¹/₂ pojemnika śmietany 36%,*
◇ *¹/₂ łyżeczki soku z cytryny,* ◇ *¹/₄ łyżeczki cynamonu*

Owoce dokładnie opłukać i osączyć. Z truskawek usunąć szypułki, pokroić na ćwiartki. Umyte jabłko i gruszkę pokroić w plasterki i skropić sokiem z cytryny, by owoce nie ściemniały. Pokroić melon i brzoskwinie osączone z zalewy. Przygotowane składniki przełożyć do miseczki, wymieszać i oprószyć cynamonem. Śmietanę ubić na sztywno. Część czekolady zetrzeć na tarce o dużych oczkach, część pokruszyć. Wierzch sałatki udekorować kleksami śmietany i obficie posypać czekoladą.

Napoje

Herbatka gejszy

10 dag czarnej herbaty liściastej wymieszać z 4 kawałkami cynamonu, 1 łyżeczką goździków i kilkoma gwiazdkami anyżku. Odstawić na 5 dni. Zaparzać jak zwykłą herbatę.

Kawa Sulamitki

W tygielku zaparzyć kawę z dodatkiem kardamonu (na każdą małą filiżankę wziąć 1–2 łyżeczki kawy i 1 utłuczone w moździerzu ziarenko kardamonu. Nie dodawać za dużo tej przyprawy, bo kawa będzie niesmaczna). Śmietankę ubić z dodatkiem cukru i cukru waniliowego. Na każdej porcji kawy ułożyć czapeczkę ubitej śmietany i posypać z wierzchu brązowym cukrem.

Napój lubczykowy

50 g korzenia lubczyku, 50 g kłącza tataraku, 50 g kwiatu nagietka, 50 g ziela krwawnika dokładnie wymieszać. Łyżkę ziół zalać szklanką wrzącej wody, odstawić na 3 godziny, pić 2–3 razy dziennie szklankę napoju.

Kaprys Afrodyty

◇ 60 ml świeżo wyciśniętego soku
z pomarańczy (powinien być klarowny).
◇ 30 ml nektaru brzoskwiniowego,
◇ 25 ml grenadyny (bezalkoholowy syrop z granatów),
◇ garść świeżych malin, ◇ kilka plasterków limonki (ze skórką).
◇ 30 ml schłodzonego naparu z zielonej herbaty.
◇ pokruszony grysik lodowy, ◇ skórka pomarańczowa.
◇ listki melisy lub mięty do dekoracji

Limonkę wyszorować pod strumieniem zimnej wody, pokroić w plasterki. Sok pomarańczowy wymieszać w shakerze z zieloną herbatą, połową grenadyny i nektarem brzoskwiniowym. Zmiksować maliny. Do schłodzonych wcześniej szklanek wlać na dno resztę syropu z granatów, na to wsypać grysik lodowy ze zmiksowanymi malinami. Pokruszony lód powinien wypełnić szklankę do 3/4 objętości. W każdej szklance umieścić kilka plasterków limonki. Całość delikatnie zalać sokami wymieszanymi z zieloną herbatą.

Koktajl dekorować spiralką ze skórki pomarańczowej i świeżym listkiem melisy lub mięty. Podawać z rurką. Grysik lodowy łatwo uzyska się, rozbijając kostki lodu w czystej serwetce. Lód przyrządza się koniecznie z wody mineralnej.

Herbatka kusząca

◇ 0,6 cm plastra korzenia imbiru, ◇ 1 pomarańcza,
◇ 1 laseczka cynamonu, woda

Imbir z obraną ze skórki pomarańczą przepuścić przez sokowirówkę.
Wlać sok do filiżanki i dolać wrzącej wody. Włożyć laseczkę cynamonu dla
smaku, dekoracji i spotęgowania właściwości herbatki.

Amrus

◇ 6 dojrzałych owoców mango, ◇ 200 ml mleka,
◇ 1 łyżka cukru, ◇ czarny pieprz

Owoce obrać, pokroić na ćwiartki, zeskrobać miąższ i usunąć pestki.
Włożyć owoce do malaksera, dodać mleko i cukier, następnie zmiksować.
Doprawić szczyptą pieprzu do smaku.

Koktajl uskrzydlający

◇ 2 owoce awokado, ◇ 4 szkl. mleka, ◇ 1 cytryna,
◇ 2 plastry ananasa z puszki, ◇ sól,
◇ świeżo zmielony biały pieprz,
◇ szczypta chili, ◇ koperek

Wlać mleko do kubka miksującego lub malaksera. Awokado umyć, wyjąć pestkę, a miąższ drobno pokroić i wrzucić do mleka. Plastry ananasa wyjąć z syropu, osączyć, pokroić na małe kawałki i również dodać do mleka.
Można też dodać do koktajlu trochę syropu ananasowego, który nada mu
lekko słodkawy smak. Gałązki koperku opłukać i osuszyć, a następnie drobno posiekać. Dodać do mleka z owocami.
Wszystkie składniki starannie zmiksować, tak aby koktajl uzyskał jednolitą, pienistą konsystencję. Przyprawić koktajl do smaku świeżo wyciśniętym
sokiem cytrynowym, solą i pieprzem. Dokładnie wymieszać. Warto za-

ostrzyć smak koktajlu odrobiną chili. Najlepiej użyć świeżej chili i zmiksować ją z innymi składnikami. Przelać gotowy koktajl do pucharków, ozdobić małymi cząstkami cytryny i gałązkami ziół.

Awokado ma bardzo łagodny, nawet mdły smak, więc dobrze komponuje się ze świeżymi aromatycznymi ziołami, jak tymianek czy imbir.

Power regenerujący

◇ $^{1}/_{2}$ melona bez skóry i nasion, ◇ 1 obrany banan,
◇ 100 ml mleka kokosowego, ◇ kilka listków świeżej mięty

Przygotowane składniki zmiksować w blenderze.

Upojna chwila

◇ 2 cytryny, ◇ 2 l przegotowanej wody,
◇ 1 garść świeżej mięty,
◇ kilka kostek lodu, ◇ $^{1}/_{4}$ szkl. cukru

Umyte, nieobrane cytryny pokroić na cienkie plasterki i zalać przegotowaną, gorącą wodą. Gdy nieco ostygnie, wrzucić kilka listków mięty, dodać cukier i wymieszać. Gdy napój będzie zimny, wstawić na kilka godzin do lodówki. Podawać z kostkami lodu.

Aqua Mirabilis

Napój sporządza się z cynamonu, imbiru, tymianku, rozmarynu i startej gałki muszkatołowej, wymieszanych w równych proporcjach, dokładnie utartych i moczonych w czerwonym winie przez tydzień. Przed podaniem wino należy przecedzić.

Żeńszeniówka

Zanurzyć korzeń w ½ litra wysokoprocentowej wódki. Zamknąć i pozostawić na miesiąc. Osłodzić miodem. Można też od razu zalać korzeń osłodzoną miodem wódką (roślinę można wykorzystać wielokrotnie). Nalewkę pije się codziennie, ale nie więcej niż kieliszek. Uwaga! Nalewki ani gotowych preparatów z żeń-szeniem nie powinno stosować się dłużej niż przez 2 miesiące. Nadużywanie powoduje tzw. zespół żeń-szeniowy: senność, ból głowy, złe samopoczucie, nadciśnienie, biegunkę.

Sekret pana X

◇ *100 ml ginu,* ◇ *60 ml soku z cytryny,* ◇ *20 ml syropu cukrowego,*
◇ *gazowana woda mineralna,* ◇ *cząstki cytryny,* ◇ *10–12 kostek lodu*

Gin, sok z cytryny i syrop (woda ugotowana z cukrem i wystudzona) wlać do shakera, dodać połowę kostek lodu, dobrze wstrząsnąć. Przelać przez sitko do dwóch szklanek, uzupełnić wodą mineralną. Wrzucić pozostały lód, ozdobić cząstkami cytryny.

Podwójne bąbelki

◇ *2 części jasnego piwa,*
◇ *1 część wytrawnego szampana*

Do wysokiej szklanki wlać zimne piwo, dopełnić schłodzonym szampanem.

Miłosna euforia

◇ *80 ml białego rumu,* ◇ *10 truskawek,*
◇ *sok z 1 limetki,* ◇ *2 łyżeczki syropu cukrowego,*
◇ *½ szkl. kruszonego lodu*

Truskawki delikatnie opłukać, osuszyć. Dwie truskawki odłożyć, resztę odszypułkować i zmiksować z rumem, sokiem z limetki i syropem cukrowym. Przelać do dwóch kielichów, wsypać pokruszony lód, ozdobić odłożonymi truskawkami.

Zalany arbuz

◇ *1 butelka schłodzonego szampana,* ◇ *$^1\!/_2$ arbuza*

Arbuza obrać, pokroić w kostkę i zamrażać 1–2 godziny. Włożyć do misy i zalać szampanem.

Kochana Barbie

◇ *4 łyżki soku z różowych grejpfrutów,* ◇ *2 łyżki likieru czassis (czarnej porzeczki).* ◇ *2 łyżki płynnego miodu,* ◇ *woda mineralna,* ◇ *kostki lodu.* ◇ *4 cząstki grejpfruta*

Miód wymieszać z sokiem z grejpfrutów i 200 ml dobrze schłodzonej wody mineralnej. Do dwóch szklaneczek wlać likier, wrzucić po kilka kostek lodu, uzupełnić mieszanką miodowo-grejpfrutową. Szklaneczki ozdobić cząstkami grejpfruta.

Punk Lady

◇ *2 małe różowe grejpfruty,* ◇ *1 butelka wina musującego*

Grejpfruty sparzyć gorącą wodą, osuszyć, przekroić na pół. Z jednej połówki owocu odkroić duży plaster, przekroić go na pół i odłożyć do dekoracji. Z pozostałych połówek wycisnąć sok. Do każdego kieliszka wlać sok do wysokości 3 cm, dopełnić dobrze schłodzonym winem musującym, np. szampanem. Drinki udekorować plasterkami grejpfruta.

Bibliografia

de Roche M., Pokarmy miłosne, *Wydawnictwo WATRA*, Warszawa 1991.

Dębski H., Przysmaki kuchni myśliwskiej, *Państwowe Wydawnictwo Rolnicze i Leśne*, Warszawa 1989.

Dębscy D. i H., Potrawy z drobiu i dzikiego ptactwa, *Wydawnictwo „Sport i Turystyka"*, Warszawa 1986.

Holford P., Smak zdrowia. Zasady prawidłowego odżywiania, *Bertelsmann Media Świat Książki*, Warszawa 1999.

Imieliński K., Erotyzm, *Państwowe Wydawnictwo Naukowe*, Warszawa 1970.

Jakimowicz-Klein B., Sałatki w Diecie Funkcjonalnej, *Wydawnictwo ASTRUM*, Wrocław 2003.

Jakimowicz-Klein B., Kuchnia polska. Tradycja i nowoczesność, *Wydawnictwo ASTRUM*, Wrocław 2003.

Jakimowicz-Klein B., Dieta odpornościowa, *Wydawnictwo ASTRUM*, Wrocław 2004.

Jakimowicz-Klein B., 280 potraw Diety Funkcjonalnej. Przepisy na zdrowe życie, *Wydawnictwo ASTRUM*, Wrocław 2003.

Kaljanamalla, Hinduska sztuka kochania *(tyt. oryginału Anangaranga)*, tłum. T. Misiak, Łódź 1991.

Keel O., Pieśń nad pieśniami, *Wydawnictwo Zysk i S-ka*, Poznań 1997.

Kiedy mię Wenus pali. Staropolskie wiersze swawolne, wszeteczne i niezawstydane, *pod red. J. Krzyżanowskiego, Glob*, Szczecin, 1989.

Koper S., Miłość, seks i polityka w starożytnych Grecji i Rzymie, *Dom Wydawniczy Bellona*, Warszawa 1998.

Kuchowicz Z., Obyczaje staropolskie, *Łódź 1975*.

Lefeld O., Witaminy. Źródło życia i zdrowia, *Oficyna Wydawnicza SPAR*, Warszawa 1998.

Masterton G., Magia seksu, czyli co zrobić, by twój mężczyzna był wspaniały w łóżku, *Dom Wydawniczy REBIS*, Poznań 1991.

Myśliwiec K., Eros nad Nilem, *Prószyński i S-ka*, Warszawa 2001.

141

Ochorowicz-Monatowa M., Uniwersalna książka kucharska, *reprint nakładem Wydawnictwa KURPISZ S.A. w Poznaniu, Poznań [b.r.w.].*

Pałetko R., Półmisek z kniei, *Wydawnictwo Bellona, Warszawa 1995.*

Rodan A., Historia erotyki, *Wydawnictwo GARMOND A.G., Łódź [b.r.w.].*

Smakowite sałatki, tłum. B. *Szwajewska, Grupa Wydawnicza Bertelsmann Media, Warszawa 2001.*

Szafran B., Kuchnia i seks, *Agencja Omnipress, Warszawa 1991.*

Vatsyayana, Kama Sutra, tłum. B. H. Jezierski, Warszawa 1990.

Wieczorek A., Wykwintne potrawy z owoców morza, *Wydawnictwo ASTRUM, Wrocław 2002.*

Zysek E., Sałatki warzywne, *Wydawnictwo ASTRUM, Wrocław 2000.*